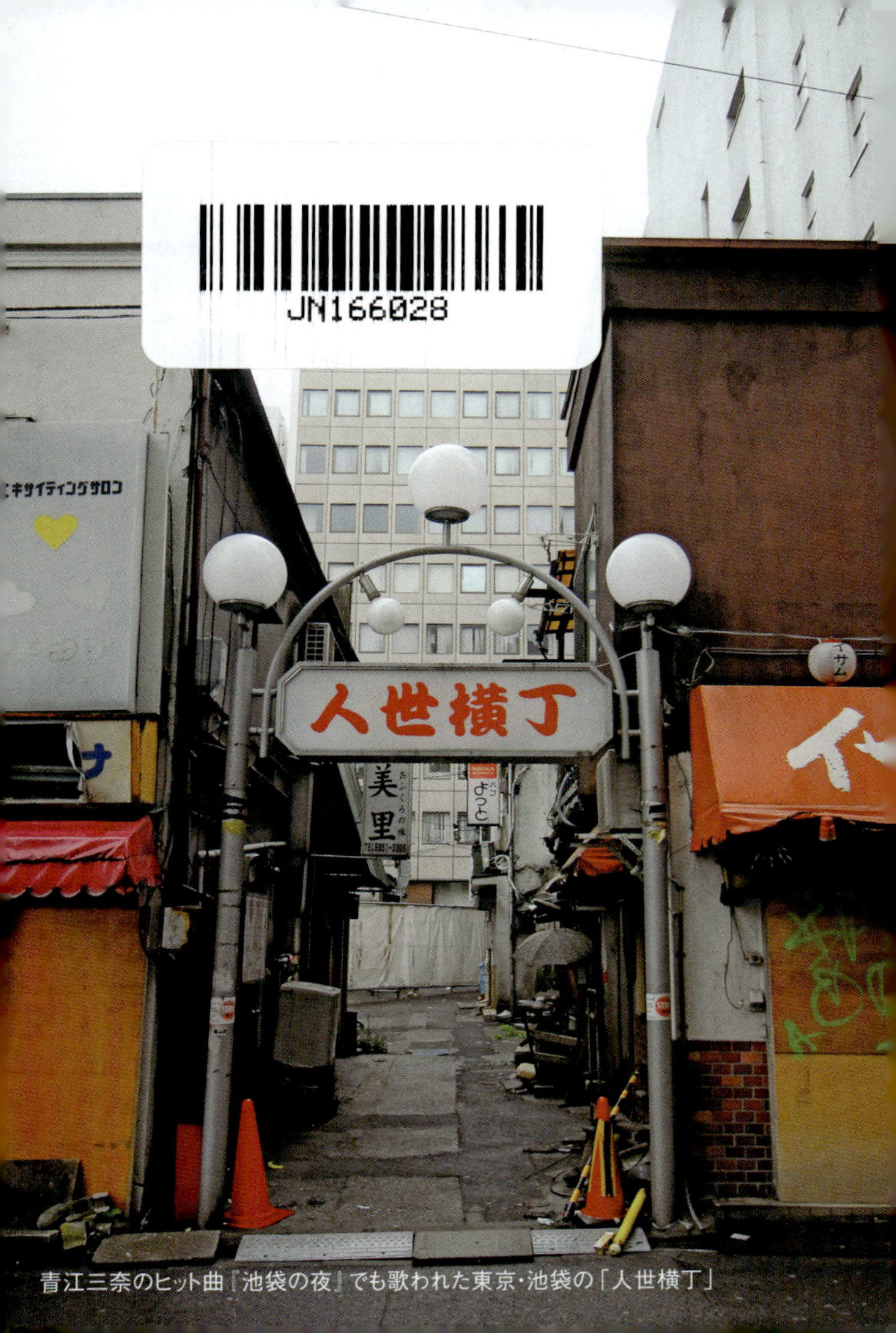

青江三奈のヒット曲『池袋の夜』でも歌われた東京・池袋の「人世横丁」

往時には映画館もあり東京・渋谷の娯楽の中心地だった「百軒店」

火事で横丁の大部分が焼失した東京・王子の「さくら新道」

清酒 大関
耕
清酒
越の磯
星
SAPPORO
星

開設当初は事務用品を扱う店舗もあった東京・神田の「今川小路」

半地下の通路に飲食店と映画館が並んでいた東京・銀座の「三原橋地下街」

かつて「青線地帯」として知られていた東京・立石の「呑んべ横丁」

墨田区
Sumida City

戦後に建造された連鎖式店舗の姿を残していた東京・森下の五軒長屋の飲食店

再開発計画をめぐって法廷闘争にまで発展した宮城・仙台の「東一センター」

最盛期には2棟の長屋に10軒以上の店があった山梨・甲府の「朝日小路」

ビル

神奈川・横浜のおでん屋台街。横浜駅西口の運河沿いに並ぶ屋台が壮観だった

バラックの店舗が身を寄せる静岡・八幡の飲食店長屋。現在も2店が営業中

64年の歴史に幕を下ろした静岡・浜松のアーケード街「サッポロ街」

大阪・阿倍野区の再開発事業で姿を消した旧金塚地区一帯

ちくま文庫

消えゆく横丁

平成酒場始末記

藤木TDC・文
イシワタフミアキ・写真
山崎三郎・編

筑摩書房

目次

第一部　東京の消えた横丁

第三部　再生する横丁

［口絵写真］イシワタフミアキ
［本文写真］イシワタフミアキ　藤木ＴＤＣ　山崎三郎
［写真提供］三日画師（下北沢駅前食品市場　Ｐ68－Ｐ69・Ｐ71・Ｐ72－上）
［本文デザイン］吉崎広明（ベルソグラフィック）

本書にある横丁に関する記述は2019年2月現在のものです。また、本文中に登場する人名については敬称を略しています。

消えゆく横丁

平成酒場始末記

はじめに

本書の原稿が書かれたのは2019（平成31）年の初頭である。東京の街は翌年、当地で開催されるオリンピック・パラリンピックに向けて各所で大きな工事が続いている。

競技会場の新築や改装工事はもちろん、大会期間中に東京へ押し寄せるであろう大量の観客、観光客の安全確保のため、道路や公共施設などの大掛かりな工事もあちこちで行われている。

そのひとつに鉄道のJR東京駅―新橋駅間の高架線西側、1911（明治44）年に竣工した煉瓦《れんが》製アーチ造りの高架橋の耐震補強工事がある。末年とはいえ明治時代の建造物であり、関東大震災と東日本大震災の二度の強震を経験しているから、いくら堅強な構造といっても耐震補強はやむを得ないということだろう。

東京都民にはおなじみだろうが、この高架橋の煉瓦製アーチの下には、多くの業者が入居し営業していた。駐車場や倉庫、事務所などもあったが、ことに目立つのは飲食店である。JR神田駅北から新橋駅南にかけて、ガード下の飲食店の一部は戦後からの営業歴をもつ老舗として庶民に愛されてきた。

しかし営業を続けたままでは抜本的な補強工事ができないため、工事を機に多くの業者がアーチ下からの移転を余儀なくされた。

それら業者の中に、小さなアーチの中で身を寄せながらつつましく経営されていた飲食店の集合体があった。アーチには「丸三横丁《まるさんよこちょう》」と看板が掲げられ、薄暗いトンネルの中に居酒屋やラーメン屋が並んでいたが、16年夏をもって横丁は閉鎖され数店は廃業した。そこにあった横丁は消えてしまったのである。独特の歴史的雰囲気をたたえた店舗で酒を飲み、料理を食べようとしてもそこにもう同じ店はない。工事が終了し新装されたあとで飲食店が入居したとしても、当時のムードはけっして回復されないだろう。あるいは高架下そのものが飲食店とはまったく違う業者が入居してしまう可能性もゼロではない。

本書は、そのように全国各地から消えてしまった、あるいは消えつつある酒場横丁、飲食店街を記録した写真を掲載しつつ、それらの来歴や営業時のムードなどを記録するものである。もうなくなってしまった横丁について記録することに意味はあるかと思われるかもしれないが、その意義については第三部で筆者の考えを綴《つづ》った。

筆者は80年代初頭に上京し、都下の立川、国立で80年代半ばまで、以降杉並区、北区を転居しつつ都内や日本各地で酒場を徘徊《はいかい》してきた。ことに「横丁」と称号のついた小さな酒場で頻繁に飲み、90年代以降はフリーライターとしてその体験を記事にすることも多くなる。以降、一緒に仕事することが多くなった写真家のイシワタフミアキ氏とは取材を通じて全国の横丁を巡ってきた。

ここには、その取材を通じて撮影された、今はなくなってしまった横丁の写真が数多く掲載されている。それが時代を映す貴重な資料になろうとは、取材当時は考えもしなかった。だが、こうして消えた横丁の写真を眺めていると、様々な思い出がよみがえってくる。

東京のみならず、全国のすべての街は日々その姿を変えてゆく。そして過去の姿を取り戻すことは絶対にできない。今は高層ビルやマンションが建っている一角が、ほんの数十年前にこれほど人情味をたたえた飲食店が並んでいたのかと発見したり、想像を羽ばたかせるための記録帳として本書を携帯していただければ幸いだ。

第一部

東京の消えた横丁

撤去される前の東京・百人町の「彦左小路」

人世横丁

（東京都豊島区池袋）

灘酒
日本盛
幸ちゃん寿司
日本盛
人世横丁

戦後を生きた浮沈の飲食街

ＪＲ池袋駅を東口に出て、「グリーン大通り」と呼ばれる広い道を東へ進んでゆくと、２００メートルほど歩いた先の北側に日本生命の巨大な高層ビルが建っている。ビルの竣工は２０１１（平成23）年。それ以前も大通り沿いに中層の日本生命社屋があったが、建物の背後に張りつくように、三角型の飲食店街が営業していた。外周に間口を向けた喫茶店、飲食店が十数軒と、内側にも中庭ほどの広さがあって居酒屋、小料理屋など数軒が営業。この内側と外側、両者の店舗を総称して「人世横丁《じんせいよこちょう》」と呼んでいた。

人世横丁は近くにある「美久仁小路《みくにこうじ》」「栄町通り」などとともに、終戦後、池袋駅東口にあった露店街の店が、駅前再開発をうけて移転してきた飲食街だ。

見上げれば北の天空にサンシャイン60がそびえるが、人世横丁ができた当時、そこは進駐軍が統括する戦犯刑務所、いわゆる「巣鴨プリズン」だった。刑務所が解体さ

解体前の「人世横丁」。背後の高層ビルがサンシャイン60

れ、サンシャイン60になってからは周辺が急速に開発されて、人世横丁は時代に取り残された侘《わび》しい一角になった。80年代はピンクサロンなども入居する怪しい横丁となり、90年代には内側の店は高齢の女将《おかみ》が経営する小料理屋ばかりとなって、閉店する店舗も相次ぎ、本当に寂しい横丁だった。筆者はその頃、当地の古株の店に時々立ち寄って女将の話を聞いたりした。巣鴨プリズン時代、出所者や面会者が当地で飲んだ話。美輪明宏《みわあきひろ》がひそかに訪れた話。賑わった時代は店から人が溢れた話。女将の話は華やかだったが、その時代には横丁に活気がよみがえるとは思えなかった。

ところが00年代が近づくと居酒屋や横丁のブームが起こり、閉店していた店に若い経営者が入って居酒屋やホルモン屋などの新店舗をオープンさせた。寂《さび》れた横丁は00年代半ばに見違えるような賑わいを見せた。

しかし活気がよみがえった期間は短かった。

08年、人世横丁は突然、全店営業をやめ、同年中に解体され跡形もなくなった。土地所有者たちが日本生命への売却を決定したからだ。ビルの片隅に「あなたの心に横丁がありますか」と刻まれた石碑が建っている。消えた横丁にしては珍しい痕跡だ。いかにこの横丁が愛されていたかを物語る。

わかば
サントリー生ビール
白樺

百軒店

（東京都渋谷区道玄坂）

21世紀まで存在した色街の面影

今や世界的名所と化した渋谷駅前のスクランブル交差点から道玄坂を登って5分ほど進んだ坂の途中に、「しぶや百軒店《ひゃくけんだな》」の入口はある。アーチをくぐってすぐ右手にストリップの「渋谷道頓堀劇場」が。原色看板が目に痛い風俗店紹介所を北上すれば洋館風の「名曲喫茶ライオン」、南に折れればカレーの名店「ムルギー」。高層ビルが林立する未来的な街の中で、そこだけ昭和の東京の雰囲気を残している。それがしぶや百軒店という一帯だ。

この一角の成り立ちは関東大震災後、箱根土地株式会社（のちの国土計画株式会社、株式会社コクド）が華族の所有地を買い上げて商店街を作ったことによる。「百貨店のような街を」から百軒店と命名し、資生堂、上野精養軒、山野楽器など一流店が軒を連ねた最先端の商店街であったという。ところが1945（昭和20）年、一帯は米軍の空襲で一夜にして燃え落ちた。終戦後、焼跡に立ち並んだのは、化粧の濃い女性が経

土料理
磐梯山

渋谷時報社
かすや茂
改革

営するバー、2階に客をあげる小料理屋だった。非合法売春が行われている私娼街は戦後「青線」と呼ばれたが、百軒店の南西の一角には、つい最近までその残影が形をとどめていた。間口一間、カウンター1本の赤ちょうちんの小料理屋で、女将が声をひそめて証言した。

「その頃は警察の目をごまかすために、店内の階段を外して、遊びの客は表から梯子《はしご》で2階へ上がったんだって」

そのような商売をしていたであろう、古びた長屋のような一角が、2000（平成12）年頃まで百軒店の北側の奥まった場所に残っていた。筆者がそこで飲んだのは、もう数軒のみが残るだけの時期だった。

さらにその北側の崖下にはピンクのネオンまたたくラブホテル街。それでもラブホテルの方がまだ現代的で、長屋のような一角は戦後のバラックの雰囲気をたたえつつ、堂々と21世紀まで存続していたのである。

06年頃から酒場の閉店、移転、そして解体が始まり、09年には更地に白亜のマンションが完成した。それまであった戦後の残滓《ざんし》は跡形もなく消えうせて、渋谷の丘の上にさらに十数階建てのマンションが彼方を遠望、周囲に小奇麗な酒場は残った。

彦左小路

（東京都新宿区百人町）

体験入学実
学校法人
白萩学

跡形もなく消えたかつての名酒場

「彦左小路《ひこざこうじ》」は新宿歌舞伎町の北限、職安通りを渡った大久保側の西武新宿線線路脇にひっそりとあった2棟の長屋からなる飲み屋街だった。

現在線路脇の道路拡幅工事が行われている場所であり、町並みの片側が丸ごとなくなった景色には飲み屋横丁があったと示す形跡はまるで残っていない。しかしこの場所に間違いなく、かつて横丁マニアを唸《うな》らせる渋い酒場が並んでいたのだ。まさに「消えた横丁」である。

彦左小路は戦後、東京都が告示した露店撤去令により、新宿駅南口の和田組マーケットの一部店舗が移転してできた飲食街で、歌舞伎町の柳街、三番街、新宿三丁目の新宿サービスセンター（のちの伊勢丹会館）などと同様、1951（昭和26）年～52（同27）年頃に形作られたと考えられる。今でこそ職安通り周辺は韓国から来たニューカマーたちの現代的なバー、レストランなどが並び無国籍な町並みを形成しているが、

予定地
立入を禁ず

彦左小路

建物の解体後に整備された「彦左小路」の跡地

横丁跡地の現在の様子

そこに横丁ができた時代、周辺は民家すら少ない鬱蒼《うっそう》とした場末だったようだ。

彦左小路の北、新大久保駅と高田馬場駅の中間付近には60年代に日雇い労働者の集住地区、いわゆる「寄せ場」があり、簡易宿泊所も点在して数多くの日雇いの建設労働者が利用した。高度成長期からバブル時代にかけて、彦左小路はそこからやってくる労働者で賑わったのである。

筆者がその横丁にある居酒屋を訪れたのは80年代の終り頃だった。その周囲はバブル期にジャパンマネーを求めて海外からやってきた女性が客の袖を引く一帯で、怪しげな街娼を求めた果てにふらふらと吸引されたのが彦左小路の一軒の小料理屋だったのだ。店内にトイレはなく、長屋の外にぽつんと共同便所が建ち、その脇には立派な桜の木があって、花見時には見事に咲き誇った。

90年代になり2棟のうち北側の長屋1棟が解体され、長く建物だけが残っていた1棟も2003（平成15）年に解体となった。更地となった横丁跡はしばらく駐車場として使用され、不自然にぽっかり空いたスペースが横丁の痕跡を感じさせたが、道路拡張工事が始まってしまうと、それすらも失われた。

東京にはこのような何も痕跡を残さぬ横丁跡がいくらでもあるはずだ。

丸三横丁

（東京都千代田区丸の内）

高架下のアーチの中に数軒の店が並んでいた往時の「丸三横丁」

昭和の匂いが満ちていた高架下の横丁

2020年東京オリンピック・パラリンピックまでの新店舗開店をめざして耐震補強工事が急ピッチで進むJR神田駅―新橋駅間の高架橋。いったんすべての店舗を立ち退かせた上で工事を行っているのだが、かつてはアーチの下に多くの居酒屋、飲食店が入居し、昭和の佇《たたず》まいを残したまま営業していた。JR有楽町駅の北口改札から東側に出た、いわゆる京橋口の北、新幹線高架の下に「有楽町高架下センター商店会」の看板が残る。かつて煉瓦アーチを埋めていた店舗の名前が看板に残っている。ただし、すでに移転、廃業した店の名前も見られる。

その高架下を東京駅方向に50メートルほど進んだ地点のアーチ下に、古めかしい看板とともに数軒の店が並んでいたのが「丸三横丁」だ。「丸三」は同所の住所「丸の内三丁目」に由来する。この横丁は前述の耐震補強工事のためにすべて立ち退きとなり、横丁そのものが消えてしまった。

有楽町高架下センター商店会
居酒屋
築地直送

みんなの

有楽町駅高架下の居酒屋「日の基」と「新日の基」。もともとは1946（昭和21）年に開業した引揚者用の簡易宿泊所だった

横丁の象徴的存在だったのは西側、煉瓦アーチを入ってすぐの場所にあった「谷ラーメン」である。1967（昭和42）年に開業したというクラシカルでリーズナブルな東京ラーメンの店は、西側に東京都庁があった時代には都職員の昼食夜食の場として潤ったという。今もランチの時間には行列もできるこの店は、丸三横丁が消えたあと、より東京駅側に近い高架下に移転し営業を続けている。

横丁の中ほどにあった「銀楽」は、かつて名物の老女将が客を叱りながら切り盛りする戦後闇市の時代からの長い歴史を感じさせるもつやきの店だったが、女将の死とともに店は店名だけを残して別人の手に渡り、そして立ち退きとともに店じまいしたようだ。

名物店の多かった有楽町高架下センター商店会は、2020年東京オリンピック・パラリンピックの前に、完全に姿を変えてしまった。

高架下には新しい店舗がオープンするだろう。だが、それらの店は昭和・平成の激動の歴史を物語るものになるのか。人間が美食や清潔さだけを求める生き物ならば、丸三横丁はずっと昔に消えていただろう。横丁は、グルメや居住性だけではないサムシングが魅力の空間であり、丸三横丁はそのことをもっとも端的に体現していた。

今川小路

（東京都千代田区鍛冶町・中央区日本橋本石町）

大関
大松

常連客が集ったガード下の人情酒場

明治時代に作られた煉瓦造りのクラシカルなアーチ高架橋の耐震補強工事が進むJR神田駅周辺から東京駅方向へ約100メートル。高架と建物に挟まれた細い路地を抜けたところに、かつて「今川小路」という大きな電飾看板が輝いていた。用事でもなければほとんど気づかない、神田の中でも場末といった場所である。今もコンクリートの橋脚などに少しだけその名の痕跡が残っているが、横丁はもうない。2017（平成29）年、高架の耐震工事を名目にすべての店が立ち退きとなったからだ。

それまで今川小路では5軒ほどの店が頑張って看板をともしていた。どうしてこんな場所で飲食店が成立するのだろうと首を傾げたくなる場末である。しかし店には何十年も通う家族のような常連がおり、横丁の存続を支えてきたのだ。まさに人情横丁を絵に描いたような酒場が軒を連ねていた。

この今川小路もまた戦後の露店撤去令を受け、神田駅前から移転した業者が作り出

SAPPORO
小料理
星

上下の写真は補強工事の準備に入る現在の「今川小路」

した横丁だ。名前の由来の「今川」は、有名な菓子「今川焼き」の今川である。この路面には戦前、龍閑川《りゅうかんがわ》なる川が流れており、戦後、空襲瓦礫《がれき》などで川を埋め立てた上に造成した地所だ。店舗はもともと川にかかっていた鉄橋下にある。

もともとは道の両側に16軒の店舗が並んでいた横丁である。開店当初は飲食店だけではなく、事務所や印刷屋などもあったという。オフィス街の大手町に近い場所なので、事務作業的サービスの需要もあったのだろう。いつしかそれらはみな居酒屋・小料理屋となり、やがて80年代の東北新幹線高架の建設や00年代の東北本線・東海道線連結高架の新設によって少しずつ店が削り取られていった。筆者がこの横丁を訪れた時には店は半数に減っていたが、浅丘《あさおか》ルリ子《こ》が女優になる前の少女期に、一時寄宿していたという「大松」には何回か飲みに行き、女将から直接話を聞くことができた。その「大松」も女将が高齢化したために14年頃には休業が多くなり、やがて廃業したようだ。

ありし日の今川小路はテレビドラマで観ることができる。13年度上半期のNHK朝ドラ『あまちゃん』の第78話に、看板に灯《あかり》のともる今川小路の姿が写し出されている。

神田小路

（東京都千代田区神田鍛冶町）

KIRIN
小料理
小藤
KIRIN
キリンビール
新潟銘酒
大安
小料理
佐々文

存続を祈りたいガード下の屋台街

新橋、有楽町、そして東京駅。ＪＲ中央線高架橋のもっとも古い部分、１９１９（大正８）年に作られたアーチ型高架の下にあった横丁の多くは耐震補強工事の名目のもと立ち退きとなり、戦後東京の原風景を感じさせた店構えも現代的造作に変貌した。その延長上にある神田駅の高架下も、とりもなおさず補強工事のためにアーチの曲線の中に並んでいた大型路面店「升亀」「大越」などは立ち退きとなり、昼から酒が飲めた放埒《ほうらつ》なる酒徒たちのための天国酒場は姿を消した。

ＪＲ神田駅北口から南口にかけての煉瓦アーチに入っていた酒場で、唯一残ったのは「神田小路」のみだった。だがこの神田小路にも、以前より立ち退きの話はあったという。

神田小路は高架橋前面のアーチ型部分に５軒の小型店舗が入り、奥のスペースが広がった部分にも２コマ分のスペースを使った１軒の居酒屋がある変則的構造のガード

「神田小路」内の店「大安52nd」。カウンターは6人で満席に

耐震補強工事が進む神田駅の煉瓦アーチ高架橋

神田を代表する居酒屋だった「大越」

下酒場となっている。かつて神田駅前に広がった屋台が露店撤去令とともにガード下に移転したとされる横丁で、アーチ下の店はカウンターが5~6人座れば満員、つまりは屋台の食台程度の広さしかない。店は薄壁1枚で仕切られているのみでドアもなく、暖簾《のれん》がかけられているのみ(閉店後はシャッターが下ろされる)。まさにガード下の屋台街なのである。奥にある今は1店舗の2コマは、かつては別店舗が入っていたが、境界はまったくなくテーブルは共用だったのかどうだったのか。ボーダーレスかつカオスなガード下酒場であった。

2020年東京オリンピック・パラリンピックが決まった頃から、この古いアーチのテナントに耐震補強の名目で立ち退きが通達され始めたという。神田小路も、一昨年には2018(平成30)年中の移転とその後の工事が通達されたというが、その後補償などの交渉もなく、現在(2019年)、何事もないかのように営業が続けられている。しかし「升亀」も「大越」もそうだったように、酒場はある日突然、閉店を発表し、あっという間に消えてしまう存在のようだ。神田小路の存続は、この場所を愛する放埒酒徒たちが日々の行いを正しくし、ひたすら酒の神に祈るしかないのかもしれない。筆者も祈りたい。神田小路よ、いつまでも。

四十五番街

（東京都中野区中野）

歓楽街にあったアジールな飲食街

ＪＲ中野駅を北口側に出て、商店街「サンモール」の東側の細い道を北へ歩いてゆけば、通り沿いに延々、居酒屋、バー、ラーメン屋、焼肉屋と飲食店が続いているのが分かる。筆者も20代の頃、この飲み屋街でずいぶん泥酔した。

飲み屋街を歩き尽くすと東西に延びる広い早稲田通りに突き当たる。その手前の左手、西側に猫道のような小路があり、奥まで入ってゆくと中庭のような敷地の中に、7〜8軒の小さなバー、スナックが集まっていた。表通りの商店の裏側に広がる飲み屋空間、それが「四十五番街」という飲食街だった。僧侶のバーテンが客の相手をすることで知られる「坊主バー」の中野店も、かつてこの四十五番街の一角にあった。バー、スナック、食堂、そしてなぜかゲストハウスもあった自由区のようなスペース。そんな横丁だった。

ＪＲ中野駅周辺は比較的早く闇市ができた場所だった。闇市発祥の地、新宿のすぐ

BAR

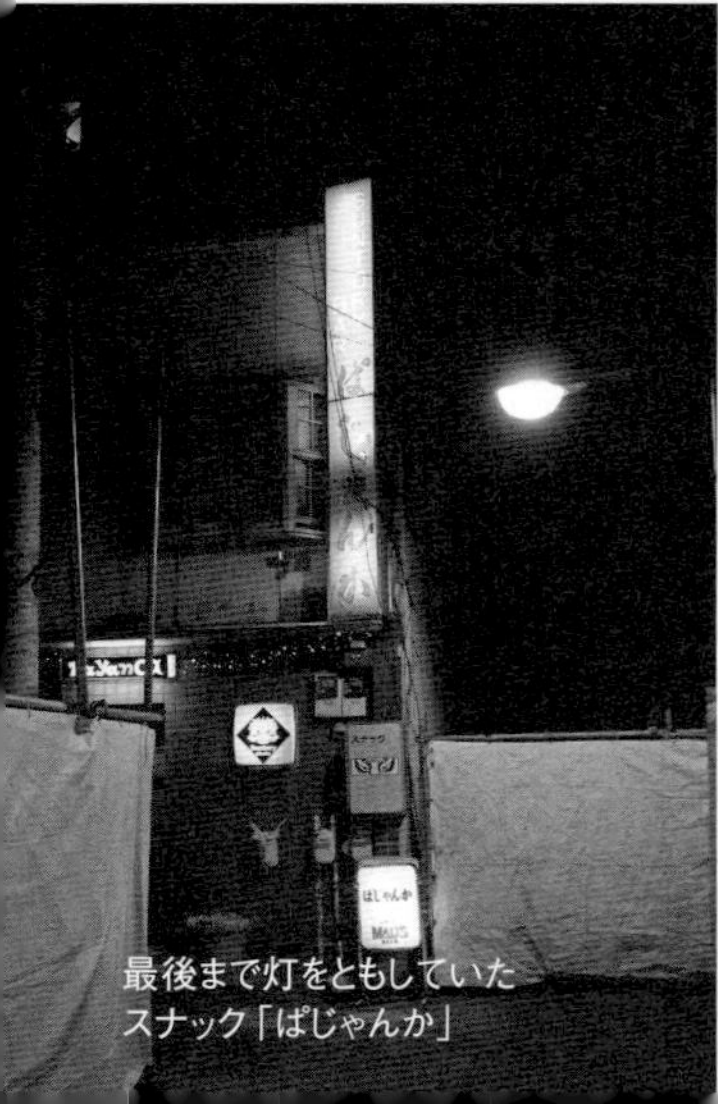

最後まで灯をともしていた
スナック「ぱじゃんか」

隣の駅という地の利もあったのだろう。終戦の年、1945（昭和20）年には駅前闇市ができあがっていたという。北口側の商店街はそうした闇市から発展したものであり、大型複合施設「中野ブロードウェイ」の東側にある「中野新仲見世商店街」は49年に大塚駅前から移転してきた露天商のグループが作ったものだ。

四十五番街は旧住所の地番、45番地（中野区昭和通45番）からそう名づけられたようだ。最初の店主たちがどこから集まってきたかは知ることができなかったが、ほかと同じようにどこかの露天商たちが集まって横丁を作ったのではないか。

2000（平成12）年になった頃からマンション化の話が持ち上がり、少しずつ立ち退く店が出始めた。それでも00年代半ばまでは酒場として機能していたが、07年頃には営業してるのが老舗のスナック「ぱじゃんか」1店舗となり、ほかの店は廃墟化して白いビニールシートで覆われ、まさにゴーストタウンの様相を呈していた。

08年、最後の1軒も立ち退き、四十五番街についに解体の日がやってきた。白布で覆われたような横丁は、あっという間に解体されて、ありきたりなマンションに変貌した。それでも中野の飲み屋街は、何ごともなかったように今も酔客を吸い寄せ続けている。

KIRIN
キッチン
ブルドック
ハンバーグ・サンドウィッチ
食各種
GOOD

五間堀長屋
（東京都江東区森下）

戦後70年の生き証人だった連鎖式店舗

東京・江東区の都営地下鉄新宿線森下駅は清澄通りと新大橋通りが交差する地下にある。かつてその地上には都電の森下停車場があり、周辺に多くの露店が立った。それらの露店が戦後の撤去令であちこちへ移転、常設露店で有名だった交差点の南にある高橋商店街（高橋のらくろ〜ド）などにも十数年前まで露店業者が移転した連鎖式店舗が散見されたが、今ではその姿を残すものはない。

この地域を地図上から俯瞰すると、森下駅の北側に碁盤の目状に直角交差する道路を東西に斜めに横切る道があるのが分かる。この斜交する道路はもとは運河として掘削された水路であり、その名を五間堀《ごけんぼり》といった。関東大震災後の1936（昭和11）年と、終戦後の55年、二度の災禍による瓦礫と残土で運河は埋め立てられ、戦後に設けられた造成地には露店業者を入れるための連鎖式新店舗が作られた。

特徴ある場所に建った五軒長屋は昭和の時代を生き延びて、平成末についに姿を消

沢の鶴
天ぷら御料理
季節料理
玉や
秋田料理
藤
ブルドック
天ぷら

秋田清酒
高清水
秋田料理
藤
季節料理
玉や
沢の鶴
とんかつ・ハンバーグ・サンドウィッチ　その他洋食各種
キッチン ぶるどっく
1861

上下の写真は更地となった飲食店舗の跡地。マンションの建設が予定されている

した。長屋ではあったがどこか横丁的な雰囲気を漂わせる酒場だった。洋食店、居酒屋、天ぷら屋などが並んでいたものに、築70年目を迎えようとするタイミングでマンションへの建て替え話が持ち上がり、2018(平成30)年秋に取り壊しとなった。

隣に立つビルには、長い間木造家屋が密着し続けた跡がくっきりと残されていた。一説に同所を南北にはしる清澄通りが2020年東京オリンピック・パラリンピックのマラソンコースの候補になったことから解体の計画が出てきたのでは、との声があった。真偽は分からないが、つまりはマラソン競技の世界中継に戦後を感じさせる陋屋《ろうおく》を写したくないと。筆者としてはむしろ東京の歴史を感じさせるあの建物こそ、世界に伝えてほしかったのだが。幸か不幸か同所はマラソンコースから外れたが、建物の解体は免れなかった。

同所にあった居酒屋「藤」は、先代の女将が店の2階にずっと居住していた。居酒屋になる以前、開店直後の店は洋風のバーであったという。純和風の居酒屋なのに、ペンダントライトがあったり、壁に石柱風のタイルが装飾してあったり、まさに戦後史を伝える興味深い建物だった。店で何度か飲んで初めて、酒場そのものが東京のゆるぎなき戦後史だったことに気づくのだ。

和
SUPER
DRY
Asahi

呑んべ横丁

（東京都葛飾区立石）

下町酒場ブームを牽引した横丁

80年代には地元民以外は訪れることもなかった京成立石駅周辺の飲み屋街は90年代後半よりなぜかもつ焼きの聖地となり「宇《う》ち多《だ》」「ミツワ」「江戸っ子」などに連日、昼間から行列ができる賑わいになった。「宇ち多」と「ミツワ」は駅南口のアーケード街「立石仲見世」の中にあり、「江戸っ子」は北口側にある。この「江戸っ子」に立ち退きの噂が出たのは00年代初め頃だったように思う。

00年代になった頃、私鉄京成押上線の四ツ木駅—青砥駅間の地上線路部分2・2キロメートルの高架化が決定、その中間点になる京成立石駅の北側が仮線迂《う》回《かい》用スペースとして立ち退きになったのだ。この線路北側部分に「江戸っ子」があり、また1954（昭和29）年、駅前闇市から発展し「立石デパート」から「呑んべ横丁」へと変貌した4棟並びの長屋型店舗（うち中間の2棟は背合わせで一体化）があった。

2012（平成24）年の高架化工事終了をめざして用地取得が進められ、その中で

呑んべ横丁
アサヒビール

住み易い下町を壊す
再開発
は止めて下さい
立石駅周辺地区再開発を心配する人の会

区画の約半分が解体された現在の「呑んべ横丁」の背面

「江戸っ子」や呑んべ横丁の立ち退きも噂された。「江戸っ子」は高架化切返線の用地にかかることはなく存続したが、線路に近い部分から北へ延びる呑んべ横丁は、建物の老朽化と一体性から全体の立ち退き解体になると見られていた。

しかし地元の商店主の抵抗も強かった。現在（2019年）、立石駅北側は戦中の建物疎開のようにおよそ5メートル間隔で空地が続くが、まだ駅前に数軒、残って営業を続ける店がある。そして驚くべきことに、一気に全体が解体されると思われた呑んべ横丁は南側半分が解体、中央から分断されたが北側部分は残った。そして今も数軒の居酒屋、スナックが営業を続ける。10軒分の横丁は消えてしまったものの、戦後闇市の魂がその逞《たくま》しさを発揮したような衝撃的存続だった。京成押上線の高架化工事は現段階では10年先送りになり22年の完成をめざしているという。

ただ、この立石駅北側の変貌は高架橋完成で終わるわけではない。引き続いて駅北口には高層ビルの複合施設を中核とした再開発計画が決定されており、その進展によって「江戸っ子」も呑んべ横丁もいずれ立ち退きとなる可能性が残された。あるいは再開発のビジョン次第で京成立石全体のイメージは今とまったく違うものになるだろう。その時、横丁ブームはどうなっているか、先のことは誰にも分からない。

澤
品市場
デジカメプリント
資生堂
コーセー
ピュオーラ
498
ワイパアG
698

下北沢駅前食品市場

（東京都世田谷区北沢）

再開発の波に消えた戦後の市場

演劇と音楽、そしてサブカルチャーの街、下北沢。路面にもお洒落《しゃれ》な雰囲気が横溢《おういつ》する中に、かつてそこだけ異質な空気をはらんだ一角があった。小田急線の駅北口を出たすぐ目の前の「下北沢駅前食品市場」、通称「北口マーケット」である。

名称どおり伝統的な「市場」の雰囲気を残す一角だった。昭和の半ばから長く営業する魚屋や八百屋に混じってチェーン系のドラッグストアなども入居（ドラッグストア以前は魚屋）する小型の、そして造作の古めかしい商店街だったので、闇市的ではあっても横丁、ことに酒場横丁とはやや言いがたい場所ではあったが、市場の南西側角、電車ホーム裏に張りつくように営業していたおでん屋、カウンターバーなどの存在が、同所を横丁的な印象にしている。

特にホーム側のおでん屋「節子」は飲み疲れた宴会のあと、新宿行き終電までのひとときを過ごすには最適の清独感あふれるおでん屋だった。大根、じゃがいもなどの

紅屋
下北沢駅
近道

すべての店が撤去され再開発を待つ「下北沢駅前食品市場」の跡地

おでん種が巨大で、ひとりで食すには難儀だったことが懐かしく記憶に残る。おでん屋が1軒あるだけで、この市場は充分に横丁だった。

80年代より議論が始まった小田急線の複々線化計画により、高架化となれば線路ぎわに張りつくマーケットは確実に立ち退き解体の運命だったが、議論が紛糾した結果、駅の地下化ということで2000(平成12)年頃に計画が決定、市場もいったんは生き長らえたかのように思われた。しかし火災などの危険性、さらに駅前広場の造成などの計画が決定し、00年代半ばにはこの市場も解体されることが決定した。

立ち退き決定から市場がなくなるまでは時間的にも早かった。07年頃から移転・廃業の店が相次ぎ、市場内は解体準備で鉄骨やパネルがあちこちに張りめぐらされていった。思い出のおでん屋「節子」も、同年には営業を終えた。

10年末から市場の本格的な立ち退きが始まり、一部店舗は営業を続けていたものの、市場はかなり廃墟的な光景になってゆく。13年、小田急線下北沢駅の地下駅が開業、いよいよ地上部分の再開発が本格化した。17年に解体が始まり、その翌年に最後まで残った1棟も消えた。更地になった地上には情報案内用のプレハブが建てられている。跡地は広場のほかに地上5階、地下1階のビルが建つという。

大井新地
（東京都品川区大井）

かつての「大井新地」の名残をとどめる飲食街の一角

スーパーに生まれ変わった巨大歓楽街

大井町と名のつく駅はＪＲ京浜東北線、東京臨海高速鉄道（ＴＷＲ・通称「りんかい線」）、東急大井町線にあり、それぞれ微妙に距離が離れている。その東急線駅から東に延びる横丁「東小路《あずまこうじ》」「平和小路」は、戦中に作られた建物疎開地に店が並んだ闇市由来の歴史があり、今も多くの酔客を引きつけてやまない横丁だ。

そしてＪＲ線を挟んだ西南側にも、戦後から70年代まで大きな飲み屋横丁「大井新地」が広がっていた。

80年代には立ち退きが進んで空地化し、00年代になって巨大なショッピングビル（イトーヨーカドー）が建ったが、そのビルの部分は約１００軒の店舗、２軒の映画館を含む横丁だった。さらに現在のイトーヨーカドーの西側にもパチンコ屋、キャバレーなどを含む巨大な歓楽街があったが、現在は大部分が公園、駐車場などになり、酒場のムードはほとんどない。

おぎ
くめこ
ラッキー

毘
毘沙門天

現在イトーヨーカドーが建つ場所に大井新地があった

「平和小路」入口の看板

飲食店が居並ぶ「東小路」の路地

90年代初頭までは大通り沿いにグランドキャバレー「杯一」が残っていたが、全盛期にはこの区域にキャバレーが3軒あったというから、まさに男の天国だった。70年代の再開発ブームのさなかにこの一帯は立ち退きが続いたが、オイルショック以後、解体などはストップし、長い間ゴーストタウンのような風景が放置されていた。ビル建設が始まったのはバブル時代以降である。

そのような大井新地の跡地だが、まったく横丁の痕跡が消えてしまったわけではない。JR大井町駅西口から暗渠《あんきょ》に造った緑地公園沿いを歩いてゆくと、その途中の一角に小さな路面店がびっしりと肩を寄せ合う一角がある。巨大なわらじを店頭に掲げた老舗居酒屋「わらじ」が目印で、その周囲に数軒の居酒屋が集まっている。これが巨大歓楽街・大井新地の痕跡である。

今も人間ふたりがすれ違うのも大変な小路の両側に、スナックや居酒屋が並び、夜な夜な嬌声《きょうせい》やカラオケの音が響く。横丁ブームの時代になり、奇跡的に残った一角といえるだろう。大井町の横丁を探訪する多くの酒場客は東小路へと足を向けるが、西口側のこの一角もぜひ歩いてほしいものだ。往年の歓楽街の雰囲気を、今もまだ少しだけ感じることができるだろう。

三原橋地下街

（東京都中央区銀座）

三原
たばこ
菊正宗
三原
季節料理
食事処

銀座の中心地にあった地下酒場

かつての銀座はビルとビルの間に細々とした飲食店が並ぶ横丁の聖地であったが、大規模ビルの建て替えなどとともに、ビルの隙間を埋めていた店舗もなくなっていった。今も銀座一丁目などには少しそうした店舗が残っているが、「横丁」というほどの規模で残っているものは少ない。

地下鉄東銀座駅の近く、三原橋交差点の西側に残る小さな飲食店街「三原小路」もそうした往時の名残といえる、貴重なビルの隙間の名店街である。

すでになくなってしまったものもある。三原橋交差点はその名のとおり戦前までは三十間堀川《さんじっけんほりかわ》という運河にかかる橋だった。終戦後、東京都がこの川を空襲などで出た瓦礫で埋め立て、できあがった土地を分譲する。この埋め立ての過程で同地には廃品回収業者なども集まり集落ができたとする報道もある。ただし分譲が始まると同地にはモダンな雑居ビルが建てられ、銀座の新たな盛り場となった。3階建て3棟からな

「三原橋地下街」にあった名画座の「銀座シネパトス」

再整備の工事が進む地下街の跡地

袋小路にある2階建ての飲食店舗（右下の写真も同じ）

あづま通りと三原通りを結ぶ
「三原小路」の飲食街

る「銀座館ビル」、ノコギリ型の外観を持つ「銀一ビル」(のちに「第一ストアービル」と改名)などには小規模なバーが入店し、「銀一ビル」内のバーフロアは「銀一小路」と呼ばれ、80年代まで営業した。

三原橋でもっとも有名なのは晴海通りの地下部分に造られた「三原橋地下街」であろう。ほぼ半地下程度の深さに映画館2館(のちに3館体制)、飲食店、理容店などが並び、まさに半地下の横丁的な景観を作り出していた。70年代から80年代にかけて、同地下街の映画館は外国製成人映画(「洋ピン」と俗称された)の聖地であった。

飲食店は日本料理の「三原」、おでんの「一柳」など老舗も多く、時代がかった造作が横丁ファンを惹《ひ》きつけた一角だったが2014(平成26)年、建築の老朽化対策を名目に地下街全部が閉鎖、立ち退きとなった。

一方、晴海通り沿いの脇、ビルに挟まれたクランクの片側に「田村ビル」なる古めかしい長屋式2階建て店舗が残り、現在(2019年)も5軒の飲食店が営業している。建物の老朽化で取り壊しも時間の問題と思われていたが、横丁ブームでどっこい生き残り、一時よりも活況のある一角となった。三原橋地下街にあった中華料理の「三原」はここに移転している。

清酒
みよし

さくら新道

（東京都北区王子）

花見名所のふもとの鄙びた横丁

ＪＲ王子駅の北側、都電荒川線停留所の向こう側に「柳小路」なる三角形の敷地に店舗が複雑に配置された商店街がある。

路面店は果物屋や寿司屋だが、小路に入り込むと、そこは狭小な居酒屋、スナックが額を合わせる飲み屋横丁だ。お祭しの通りこの商店街は戦後、都電停留所前に並んだ屋台を移転させた露店換地がルーツである。

幸いなるかな、この横丁には今のところ再開発や立ち退きの話はないようだが、柳小路と兄弟関係にある「さくら新道《しんみち》」は残念ながらそれほど長くは存続しないだろう。

さくら新道は柳小路とＪＲ線を挟んだ反対側、王子駅の南、飛鳥山公園のふもとにある。ルーツは同じ屋台街だったが、区域の狭い柳小路への移転からあぶれた業者がさくら新道に移転したという経緯がある。柳小路の都電停留所前という地の利には及ばないが、花見の名所の飛鳥山公園の足元にあるさくら新道もそれなりに風情はあり、

一力

歌えるスナック
まち子
古田
公明党
山口
まち子

焼け跡の瓦礫が回収され更地となった「さくら新道」の南側部分

さくら新道からJR王子駅を挟んで北側にある「柳小路」

駅のホームからも独特の造作がよく見えたので気にかける酔客は多かった。最盛期には21軒が営業していたという。

外見の古めかしさに対し、店内は堂々たる風格の老舗バー「リーベ」など名物店舗もあり、鄙《ひな》びた雰囲気で横丁好きを唸らせてきたさくら新道だったが、2012（平成24）年、1軒の店の2階から出火し、激しい火災となって3棟あった建物のうち2棟が焼け落ちた。横丁はしばらくの間、無残な焼け跡を晒《さら》していたが、不幸中の幸いか、駅に近い側の1棟は類焼を免れ、その後も営業を続けていた。しかし焼け跡の廃材が撤去され空き地が広がると横丁は一気に活気を失い、17年頃にはスナック「まち子」1軒のみが看板に灯をともしつづけていた。

その最後の1軒も、18年の春には「あと1年で閉店」と報道され、さくら新道の運命が危惧された。しかしながら先日、同所を訪れてみると、店のドアに「営業を延長します」との張り紙が。少なくとも本書が出版される頃にはまだ、さくら新道は存続しているはずだ。

東京の戦後史を知る小さな横丁から、歴史語りを聞く最後のチャンスが残された。できるだけ長い存続を望んでやまない。

リバーサイドおでん屋台街

（神奈川県横浜市西区南幸）

DVD・VID
高収入
かどや
おかめ
しづえ
おでん

横浜の戦後史が刻印された屋台街

川沿いの屋台街といえば、九州・博多の中洲がもっとも有名でイメージしやすいが、関東の横浜にもつい数年前まで屋台街があった。博多ほど風光明媚《ふうこうめいび》なロケーションではなく、屋台で供されるのも質素な関東風のおでんのみだったが、ネオンきらめく繁華街の中に突如現れるリヤカーの屋台に屋根と戸板をかけたバラック風の集合体は酒場独特の風情を醸し出し、酒好きにはこたえられない吸引力があった。

ＪＲ、相模鉄道などが集合する横浜駅の西側。その南を流れる小さな運河端に、バラックのような店舗が十数軒並んでいた。若者が群れる華やかなテナントビルを背にした、なんともアンバランスな光景である。それが「リバーサイド」とも異名をとった横浜駅西口のおでん屋台街だった。戦後の進駐軍が闊歩《かっぽ》した時代を思い出させるかのように「ヘイ、カムイン！」と客に声をかける老いた女将もいたのが、この屋台街独特の風情であった。

VIVRE
Renewal Open
2.28
3.20
ソフマップは
高額買取!!
VIVRE

屋台街の跡地は遊歩道として整備された

移転当時の姿を今も残す「狸小路」

屋台街の歴史は横浜駅西口の戦後史そのものである。

横浜港から上陸した進駐軍は周辺一帯を接収したが、横浜駅の西口側は１９５１（昭和26）年に返還された。その返還地を東急・五島慶太《ごとうけいた》や相鉄・川又貞次郎《かわまたていじろう》らが開発し、相鉄ジョイナスの原形「横浜駅名品街」が完成。その時、駅出口の正面には運河が横断していたが、駅前広場を造るために川筋を強引に90度折り曲げ、もとの運河は埋められた。しかし戦後のこと、埋めた川沿いにはバラックや露店がびっしり並んでおり、業者は立ち退き命令に猛抗議。各方面協議のすえ、業者の半数は駅北西側に移動して駅北側の飲み屋横丁「狸小路《たぬきこうじ》」を作りだし、残った半数は幸川《さいわいがわ》沿いに移転した。幸川は新田間川《あらたまがわ》と駅東口側へ流れる帷子川《かたびらがわ》を合流させるため新しく作られた水路で、川沿いの屋台がリバーサイドとなって平成時代まで生き延びたのである。戦後いくたびか台風水害で水没もしたという屋台には、浸水の汚れが生々しく残っていた。新装できないのはそれが当時からの屋台だけに認められた既得権だからだ。

２０１０（平成22）年、横浜市との間で5年の猶予期間をおいて廃業・撤去が決まったが、16年まで3軒の屋台が営業を続けた。同年3月、行政代執行による強制撤去が行われ、屋台街はついに姿を消した。

花月園競輪場・川崎競輪場

（神奈川県横浜市鶴見区鶴見・川崎市川崎区富士見）

戦後闇市のムード漂う競輪場の売店

横丁ファンにとって、公営ギャンブル場の食堂・売店は居酒屋とよく似た感触を経験できる場所だ。酒が飲め、つまみが豊富で悪場所の雰囲気があり、かつ場内に人間味があふれている。こうした公営ギャンブル場も、ＪＲＡ日本中央競馬会（厳密にはＪＲＡは「公＝自治体」ではなく特殊法人なので、「公営ギャンブル」ではない）や競艇場をのぞいて、年々数を減らしている。90年代には全国に27場あった公営専門競馬場は現在では15場に数を減らした。6場あるオートレース場では、２０１６（平成28）年に「船橋オートレース場」が廃止になり現在は5場。競輪は90年代に50場だったが、現在あるのは43場、うち2場は開催を休止し、深刻に廃止を検討中の施設もある。鉄火な雰囲気の中で酒を飲める場所は確実に数を減らしている。

公営賭博に興味を持つ中高年男性の数が多いため比較的廃止の少ない首都圏（南関東）のギャンブル場でも10年3月をもって神奈川県横浜市の「花月園競輪場」が廃止

おでん
にこにこ茶屋
アサヒスーパー
うどん・そば

ビール
お酒
ハイ・レモン
コーラ 150円
オロナミン 150円
ラムネ
牛乳

川崎競輪場の南スタンド。鉄柵で囲まれた場所に売店があった

されている。競輪場はほかの公営ギャンブルより施設面積が小さく、そのせいか食堂、売店などにも庶民的な親近感が生まれやすい。花月園の売店は屋外にプレハブのような簡易建築で建っており、手描き・筆文字の屋号看板が戦後の闇市ムードを強く醸し出していた。販売される食品もギャンブル場定番の煮込み、天ぷら、練り物のほかに焼いたスルメや落花生などもオバチャンが売っている懐かしさのある競輪場で、廃止は横丁の消滅と同じように寂しかった。

そもそも花月園競輪場はJR鶴見駅、国道駅周辺に工場、倉庫などが数多くあった時代に労働者の娯楽施設として作られたもので、工場・倉庫が移転しマンションなどの住宅が増えた昭和末期以降、そこに立地する意義を失っていた。また廃止の遠因として比較的近くに「川崎競輪場」があり、近隣の競輪ファンはそちらで代替できることがあった。その川崎競輪場もバンク南側スタンド下の売店の食品の豊富さ、安さ、それに花月園同様、闇市のムードを漂わせた造作が素晴らしかったが、14年、バンクの西側に新スタンドが完成すると売店はそちらに移転し、南スタンド下の売店群は閉鎖された。これもまた残念な出来事であった。闇市や横丁の風情を感じさせる公営ギャンブル場の売店はこのように少なくなりつつある。

酒場のゆくえ――［二］

「横丁」はなぜ消えるか

取り壊し直後の東京・池袋の「人世横丁」

「横丁」と「横町」

「横丁」という言葉にはどこか身近さや人間くささを感じる響きがある。

イメージされるのは赤ちょうちんがぶら下がり、スナックの電飾看板が並び、千鳥足の中高年男性がフラフラ歩いている細く狭い路地の景色ではないか。右も左も飲食店、カラオケの声がおぼろげに響き、やきとりを焼く煙が夜風に漂う。

このように現在、我々が「横丁」にイメージするのは都市部の盛り場にある飲食店の並んだ小路のことだ。

ただし辞書を引くと、もともと「横丁」とは「横町」と同意である。『広辞苑　第七版』(岩波書店)による「横丁」の記述は「よこーちょう【横町】(「横丁」とも書く)表通りから横へ入った町筋。よこまち。『――のタバコ屋』」である。ほかの辞書でもこの記述はあまり変わらず、我々が「横丁」に感じる含みを説明した記述のある辞書はない。

しかし小林一郎《こばやしいちろう》の『横丁と路地を歩く』(柏書房)によれば、「横丁」と「横町」の成立の経緯は微妙に違うようだ。

「横丁」とは江戸などに見られる計画造成の城下町で、碁盤の目状に配置された大通りと大通りの間の建物の間をぬって、街区の奥の裏長屋や反対側の大通りへ達する細い私道、路地のことであり、「横町」とは密集した都市部に防火帯として新設され公的に認知された大通りとその沿線に並ぶ街区のことだという。新道は既設の大通りに較べ地下が安く、湯屋や飲食店などが並び、商店街化することが多かった。現在も「横町」と表記する「よこちょう」「よこまち」という言葉は全国各地の住所にいくらでもある。この「横丁」と「横町」の意味が昭和期に至る間に混ざりあって今日に至っているのだろう。さらに店舗の庶民性ゆえに「〇〇横町（横丁）」とネーミングし親しみを与えたのが「横丁」の誕生であると小林は論じている。我々が「横丁」に感じる身近さ、人間くささはこうした歴史的経緯に由来するようだ。

また為政の変化とともに行われる地租改正や震災の復興事業によって寺社敷地や公有地などの没収・整理によって生まれた「横丁」もある。東京・人形町の「甘酒横丁」や大阪・難波《なんば》の「法善寺横丁」などがそうした経緯による「横丁」であろう。それらは長い時の流れとともにブランド化され、商業地として老舗の集まる場所になり、歴史的価値や有名性のために〝消える〟ケースは少ない。

ただし「横丁」は必ずしも商店街とは限らず、住宅街のケースも少なくない。時代小説などに「○○横丁と呼ばれた長屋」といった表現が出てくるように、「横丁」はもともと商業地ではなく住宅地であり、長屋の間口前の私道のイメージだった。こうした住宅地型の「横丁」は大家の屋敷の建て替えによって、容易に消えてしまうケースが多いが、住宅であれば不特定多数の第三者、つまり「客」の出入りがないから消えてしまっても、かつての住人以外に思い入れを持って語る者は少ない。小説家の永《なが》井《い》龍男《たつお》は『東京の横丁』に駿河台下にあった借家の「横丁」のことを書いているが、その「横丁」を懐かしむ類いの資料はほかにあまり見られない。つまり人知れず消えている名もなき「横丁」は数多くあるのだ。ただ、本書はそれら住宅地型の「横丁」をテーマにしているものではない。

戦後闇市由来の飲食街

消えてゆく「横丁」は、これまで見てきたような長い歴史のある場所でもない。歴史といってもせいぜい太平洋戦争終戦以降に作られた「横丁」である。

戦後に作られた「横丁」は少し歩いてみればすぐに分かる。それを見分ける要点は、第一に非常に狭い区域に押し込まれたように店舗が密集していること、第二に店舗1軒1軒の面積が非常に狭いことである。狭い小路に密集する狭小店舗で、飲食店の割合が高いかすべてが飲食店・居酒屋などである場所は、間違いなく戦後に作られた「横丁」といっていいだろう。消えてゆくのはそれらの「横丁」であり、そこにある店なのだ。

本書を手にする読者にはすでに知っている方も多いかもしれないが、ここで少し戦後の横丁の成り立ちを説明したい。

太平洋戦争も終りに近づいた1944（昭和19）年から45（同20）年にかけ、日本全国に米軍爆撃機による空襲が続いた。焼夷弾《しょうい》による火災から鉄道や軍施設などの要衝を守るため、市街地の各所に建物を立ち退かせ防火帯とした「建物疎開」が行われたが、戦争が終り空襲がなくなると、その空き地に庶民が好き勝手に露店を開いた。これが戦後の闇市である。闇市は数年のうちに駅前の広大なマーケットや屋台街へと発展し、その後、自治体主導の駅前再開発や露店撤去令によって整理や移転を余儀なくされる。

今日我々が「横丁」として愛慕する飲み屋横丁の多くは、戦後に誕生したマーケッ

新橋駅西口に開設された闇市マーケット。闇市解体後、跡地には「ニュー新橋ビル」が建ち、露店業者は同ビルの地下に入った（アメリカ国防総省所蔵）

トや屋台がグループにまとまり、相応なスペースに移転して肩を並べた狭小な商店街の名残である場合が多く、客にアピールするために「〇〇横丁」「〇〇小路」などと愛称が命名されたのである。

もはや70年以上前になってしまうが、この40年代末から50年代初頭にかけての駅前のマーケット・露店の整理撤去が第一の「消えた横丁」期だったといえよう。ただしそれは完全に消えたのではなく、多くの「横丁」は町のはずれや鉄道の高架橋の下、時には駅前ビルの地下階に散らばったのである。

バブル崩壊の余震

もともとは繁華街のはずれの場末にできることが多かった「横丁」だが、日本の高度成長とともに繁華街の区域が拡大し、「横丁」が繁華街の一部に取り込まれることもあった。「新宿ゴールデン街」（正式には新宿ゴールデン街と花園街、以下同）や池袋の「人世横丁」「美久仁小路」などはそうした例である。繁華街と境を接することで、そのメインストリームに作られる大規模で最新建築のビルディングとのコントラストが面白いと、「横丁」のバラックのような狭小店舗に客が訪れるようになる。

そうして「横丁」が賑わうようになると、当然、一角をまとめてビル化しようと企む者が現れる。80年代から90年代前半にかけてのバブル期、「横丁」の小さな店の多くは「地上げ」による立ち退きの危機に見舞われるが、しかしこの時代には案外「消えた横丁」は少ないのだ。なぜならば「横丁」の店そのものが好景気なので経営者も強気になり、立ち退きに簡単には応じないし、80年代以降まで営業を続ける「横丁」は各店舗の地権や賃借権が複雑になり、土地をまとめるのが難しかったからだ。

むしろ90年代末から00年代にかけてのほうが、新宿の「彦左小路」や渋谷の「百軒

池袋駅東口で営業していた露天商たちが換地先に作った「美久仁小路」。現在もレトロ横丁として人気を集める

店」の一角のように「消えた横丁」は多いのである。理由は場所によってバラバラであるが、共通項になりそうなのは景気の後退で客の数が減って店主の経営意欲が失われたこと、またバブル期に頑張って「横丁」を維持した経営者が、その後の経年で高齢化して店の維持に消極的になったことだと考える。ここでいえるのは、「横丁」という狭小な飲食街は、経営者が人間的であるがゆえにそこを威圧的に、あるいは資本主義的に解体しようとする勢力が登場すると、経営状態は横に置いても「横丁」を守ろうと躍起になる傾向があることだ。だから新宿ゴールデン

街のように、バブル期の地上げ活動によって一部の店が立ち退いて歯欠け状態になっても、結果的には一帯すべてが立ち退きになることはなく、横丁として残存してしまうケースが生じるのだ。

新宿ゴールデン街については、1999（平成11）年に都知事に就任した石原慎太郎《いしはらしんたろう》が排除を望む発言を繰り返し、立ち退きが現実化するのではないかと臆測が流れたことがある。実際、石原は歌舞伎町の無認可性風俗店の排除に成功していたが、しかし新宿ゴールデン街はこの時代になくなることはなかった。むしろ00年代に消えていったのは、歌舞伎町のメインストリートに並ぶ飲食店ビルに入居した高級クラブのほうだった。バブル崩壊による景気後退は、飲食代の高い高級クラブの経営に強く影響したのである。

もちろんその時代に、新宿ゴールデン街の庶民的なバーも打撃を受けたが、「横丁」の場合はそのイメージの庶民性から（現在では家賃が庶民的とは必ずしもいえない）、1店舗が潰れても同じ店に居抜きですぐに別の店が入って営業する。これによって「横丁」の活気は損なわれることはなく、消滅を感じさせることもない。ただしそれはこの十数年の間に「横丁ブーム」が沸騰している背景があり、ブームが終ってしまった後の

「新宿ゴールデン街」は戦後の私娼街（青線）を出自に持つ。今も建物の造作にその名残を見ることができる

状況は分からない。

「横丁ブーム」の現在地

2020年東京オリンピック・パラリンピックを前に「横丁」の消滅が相次いでいる事例は、「はじめに」にも書いたとおりJR神田駅―新橋駅間の高架橋下がもっとも顕著である。この高架下にある「丸三横丁」「今川小路」という戦後由来の「横丁」が消え、また古くからの有名店であった「升亀」「大越」も撤退した。神田駅南口近くにある「神田小路」にもすでに立ち退きの通達は来ているという（現時点では期限は未定とのこと）。立ち退きを強いる

大義名分は高架橋の耐震補強工事であるが、強行できる背景には、それが公共施設の防災・安全対策の名目であることと、オーナーがほぼＪＲ１社のみで、コマ割りされた分譲地主がないことがある。現代の「横丁」の立ち退きは、このように社会的意義を持った名目でなければ難しく、また個人オーナーがいる場合、数名の反対で立ち退きは頓挫する場合がある。この場所はその懸念はなかったということだ。

神田駅―新橋駅間の高架下の飲食店は依然として人気なので、一度立ち退きさせて再入居の際に家賃を大幅に増額することもあるだろう。それでも東京の中心部の駅ガード下という好立地からすれば、大手チェーンならしっかり経営を維持できるはずである。ただし、そこにかつてあったような旧時代の造作による人間くささや懐かしさを感じさせる空間、空気の醸成は難しいのではないか。結局、酔客たちが愛してやまない「横丁」を「横丁」たらしめているのは、造作や料理・飲物ではなく「空気」「雰囲気」なのだから。

そしてもっとも懸念されるのは、「横丁ブーム」もいつか終るのではないかということだ。あらゆるブームには終りの日はくる。バブル崩壊による常連客や団体客離れという危機を乗り越えた「横丁」には、10年代以降、インターネット情報によってやっ

神田駅から新橋駅にかけて行われている高架橋下の耐震補強工事

何度も再開発の話が浮上している「神田小路」

てきた若者たちと外国人観光客という新しい顧客によって支えられている。しかしこのブームが終了した時、「横丁」に次のステージはあるのだろうか。それについて、筆者はどちらかといえば悲観的である。

「横丁」の概念は現在進行形でどんどん変化しつつあり、その最先端と展望については第三部に記すが、「横丁が消える」ことについての喪失感も、ブームが消えてしまえばなくなってしまうかもしれない。それがもっとも危惧される点である。

第二部

消えた横丁を旅する

再開発で消えた大阪・阿倍野の「あべの銀座商店街」

東一センター

（宮城県仙台市青葉区一番町）

仙台の夜を象徴したションベン横丁

東北最大の歓楽街といえば宮城県仙台市の国分町《こくぶんちょう》。東京の新宿・歌舞伎町にも匹敵する面積と飲食店の数で知られる。歴史ある盛り場なので、今も「東一《とういち》市場」など横丁的な酒場は残っている。また仙台市内で見れば仙台の目抜き通り「青葉通り」の南には戦後にできた公設市場の造作をそのまま残す「壱弐参《いろは》横丁」や大人のムード漂う渋い「文化横丁」など、〝ザ・横丁〟というべき場所もある。

そんな仙台の酒場で、2009（平成21）年に消えた横丁がある。国分町最寄駅、地下鉄勾当台公園《こうとうだいこうえん》駅を降りてすぐ、仙台三越の目の前にあった「東一センター」だ。仙台の国分町といえば、宮城県庁、県警本部、仙台市役所などが並ぶ官庁街のすぐ隣、東京でいえば丸の内の隣の銀座のような立地である。そんな場所につい10年ほど前まで「新宿ゴールデン街」に匹敵する飲み屋横丁が存在していたのだ。しかも東一センターが正式名称ながら、客たちは「ションベン横丁」と俗称で呼んでいた。その

大

お手洗
たむら

警告
ここは私有地に付き
「チラシまき」の出入を禁ず
チラシまきをした場合は
警察署に告発して
厳罰に処す

俗称にふさわしく横丁中央にある共同便所の男性用は床面に溝を切っただけのかけ流し式。通りにまでアンモニア臭が漂う掛け値なしのションベン横丁だった。

4本の路地からなる横丁には、最盛期70軒もの居酒屋、スナック、バーがひしめいていたという。地元の常連のほかに首都圏や関西からやってくる出張族にも人気の横丁であり、それは壱弐参横丁と並び仙台の夜を象徴する酒場だった。

しかし06年、突如この横丁に解体・再開発の話が持ち上がる。東一センターは商業組合がほぼすべての土地を所持・管理する横丁だった。そのため組合が合意すると一気に話が進み、翌年中に8割近い店が移転、廃業した。ただし残る十数軒が頑《かたく》なに移転を拒み裁判に発展、裁判所が組合側が主張する老朽化による再開発の必要性を退け、残留店舗に存続権を認める画期的判断を下した。

結果的には08年に残った店も立ち退きを受けいれて解体、ビルの建設工事が開始。09年末に地上8階地下1階の「TIC」が完成、横丁は消える。ビル名の「TIC」は「東一センター」に由来し、横丁の痕跡はビル名と1階に入居する数軒の料理店に残された。東日本大震災を経て、TICは元気に運営されている。だが、もはやそこにはあの酒場の悪場所ムードをよみがえらせる芳香は漂ってこない。

朝日小路

（山梨県甲府市朝日）

餃子専門の店

ひっそり消えた甲府の飲食店長屋

山梨県甲府市の市街地は非常に横丁が多いことで知られる。それは甲府城下に広がる街区が整然とした碁盤の目状に配置されていることに由来する。

JR甲府駅南口を出て県庁・市役所などの官庁街を抜けた南側の相生《あいおい》には南北にはしる「春日アベニュー」「弁天通り」の2本のタテ道の間をつないで「一番街」「開発通り」「広瀬大通り」「オリンピック通り」「たき通り」などの横道＝横丁沿いにスナック、居酒屋、バーが並ぶ。ビル裏のタテ道にも酒場は連なり、横丁は迷宮の趣である。この一帯の酒場ではもっとも古いといわれる「くさ笛」はオリンピック通りのちょうど中央部にある。地域では「甲府ん！路地横丁楽会」なる有志団体が結成され、情報発信やイベントなどを積極的に行っている。

そのように盛り上がりをみせる甲府駅南口中心街の横丁ブームをよそに、ひっそりと消えていった横丁もある。駅裏ともいえる北口側にあった「朝日小路」だ。

バー
Omoide
おもいで
★サッポロビール
スナック
亜希

お食事の店
エンゼル

バー
Omoide
おもいで
★サッポロビール

「朝日小路」の跡地はコインパーキングとして活用されている

1949（昭和24）年に開業したという「新天街」

甲府駅の西、南側から北側へ抜ける最初の踏切は、北進すると「朝日通り商店街」なる比較的繁華な商店街に出る。その北には戦前は陸軍の連隊本部があり、現在同地は山梨大学甲府キャンパスが建っている。そこから駅へと向かうには朝日通り商店街が幹線となり、そして踏切に突き当たったところに南北2列の飲食店長屋があり、10軒以上の店が入居して朝日小路と呼ばれ賑わった。甲府においては知る人ぞ知る悪場所の長屋であったという。

商店街ブームの60年代から70年代には朝日通り商店街の人気とともに朝日小路も深夜まで押すな押すなの盛況ぶりだったというが、駅北口前広場の再開発や北口南口をつなぐ自由通路の開設、そしてマイカーの普及と郊外化によって商店街は賑わいを失い、朝日小路も寂れていった。90年代までは数軒が侘しい長屋で営業を続けていたが、00年代後半には最後の1軒が残るのみとなり、やがて長屋は取り壊されて横丁は消えた。跡地は駐車場となり、横丁の痕跡は何もない。

朝日通り商店街の北端にも「新天街」なる横丁が現存する。こちらも数軒が残るのみの風前の灯《ともしび》の横丁である。ほとんど人通りのない薄暗い小路を風が吹き抜けてゆく。これが「消えゆく横丁」の姿なのである。

八幡屋台街

（静岡県静岡市駿河区八幡）

2軒の店が入る現在の「八幡屋台街」

静岡おでん酒場に見る横丁文化の深淵

おでんの街・静岡県静岡市。「青葉おでん街」「青葉横丁」を筆頭にしたおでん酒場の知名度はすでに全国区、今では海外からの観光客も多くやってくる。ほかにも「青葉小路」「いかづち小路」「伝馬《てんま》小路」「ひょうたん横丁」など小規模な横丁が点々とあり、最近「静岡ゴールデン横丁」なるJR高架下の集合店舗型横丁もできた（P190参照）。静岡市は横丁文化がもっとも活性化している地方都市のひとつといっていい。

しかし前出の横丁・小路はどれもJR静岡駅の北側、両替町、常磐町など繁華街周辺に立地する酒場である。そんな静岡市にも人知れず消えてゆく横丁はある。

新幹線を含むJR線の巨大なガードを北側から南側へ抜けたところに、かつては戦後から同じ建物を使っているかのような飲食店の集合店舗があった。「うき」「ちゑ」「おきな」「えぞや」などの店が、寒風に身を寄せ合うように、朽ちそうな店舗で00年

活況を呈していた頃の八幡の飲食店舗

「うき」や「おきな」が営業していた飲食街の跡地

七間町にある別雷神社の南側壁に張りつく「いかづち小路」の店舗

静岡県の観光名所となった「青葉おでん街」

代後半まで営業を続けていた。「おきな」で食した大葉と梅ののり巻き「うぐいす巻き」の素朴な味は、まさに戦後の食を想像させる雰囲気があった。労働者たちの晩酌で賑わったこれらの飲食店も10年代になり閉店、移転が相次ぎ、今では更地となってコインパーキングに変貌している。

しかし、まだかろうじて残っている〝昭和〟もある。

静岡市駿河区八幡《やはた》。静岡駅の南側、八幡山なる小高い丘のふもとに広がる一帯を東西に貫くバイパス「南幹線」、またの名を「カネボウ通り」。その通り沿いに4軒（1軒は2店舗を合体させた店舗）のバラック建ての酒場が身を寄せている。前述した青葉おでん街などは七間町《しちけんちょう》の大通りに並んでいたおでん屋台を1957（昭和32）年の静岡国体を機に屋台撤去令によって移転させたものといわれている。こちら八幡のバラック店舗も駅南口の屋台5軒が60年代に移転したものだそうだ。

店はまさに地べたに柱を立て、戸板を打ちつけトタン屋根をかけたごとき安普請。かつてあった「お千」なる店では天井から雨漏りする中、客が傘を差しておでんを食し「粋だね〜」と喜んだとの武勇伝を聞いた。00年代までは4軒の並びの3軒が営業していたが、1軒減り2軒減り、今では居酒屋1軒、スナック1軒が残る。

近鉄西通

あべの銀座

（大阪府大阪市阿倍野区阿倍野筋）

下町の情景が一掃された商店街酒場

大阪のＪＲ環状線・地下鉄御堂筋線天王寺駅を出ると目の前にそびえ立つ高層ビル「あべのハルカス」。高さ３００メートル、最上60階、この未来的摩天楼の足元に、かつて「あべの銀座」と名づけられたアーケード商店街があった。旧名は近鉄西通。その昔は旭町商店街とも呼ばれた。南北にはしる谷町筋、東西にはしるあびこ筋、両幹線道路の交差点付近から南西に向かう商店街は赤線・飛田新地への抜け道であり、黒岩重吾の小説では飛田の手前で客を引く街娼の集まる場所として描かれる。それは遠い昭和の時代の話であるが、２０００（平成12）年頃までその怪しい街娼通りのムードが残っていた。裏路地には旅館風の建物や居酒屋、立ち飲み屋が並び、ビルの壁に張りつく屋台もどきのモツ焼屋が営業。それら昭和の風景は平成後半の15年の間にすべてなくなった。

理由は半世紀もの間うごめき続けた大阪市の事業計画「阿倍野再開発」だ。最初の

「あべの銀座」の横道にあった飲食店が並ぶ通り

商店街を含む一帯は再開発事業で更地となった

現在の阿倍野。写真左下が「あべのキューズタウン」

構想は1969（昭和44）年まで遡る。戦中の空襲被害のあと藻屑《もくず》のように集まっていた木造家屋、店舗は少しずつ移転していったが、商店街は平成の時代も庶民の酒場として稼働し続けた。00年、中核店舗となるはずだったそごう百貨店が破綻するといったん再開発は頓挫、その後事業主体を東急不動産に変え急速に開発が進み、周辺は更地に侵食され再開発の原野が広がった。

下町的な景色の一帯に約3万7千平方メートルという途方もない面積の複合施設「あべのキューズタウン」が完成したのは11年。かつての商店街は「ヴィアあべのウォーク」となり、14年には通りを挟んだ東側に摩天楼・あべのハルカスがオープンした。そして夜の闇に白塗りの街娼が手招きしたような淫靡《いんび》なムードは、阿倍野の界隈《かいわい》から完全に消え去った。

再開発されてゆく商店街に最後の1軒として営業していた大阪酒場の至宝「明治屋」は、キューズタウンの開業とともにヴィアあべのウォークの1階に移転。往時の引き戸やテーブル、カウンターを極力残した店内造作は酒場移転の手本となる完璧さで、首都圏からも多くの巡礼者が訪れる。再開発後の通り沿いにも居酒屋が目立つ。遊歩道にも過去の雰囲気を残したほうが良かったのでは……との反省は後の祭りだ。

とんぼり小路

（大阪府大阪市中央区道頓堀）

道頓堀川南岸にあった場末横丁の佇まい

大阪の繁華街、難波地区の東、相合橋筋《あいあうばしすじ》商店街は御堂筋付近とかなりムードが違い、昼なお暗い鉄製アーケード、昭和時代を思わせる飲食店が並ぶ場末風情の通りだ。その北端、道頓堀川南岸にはかつて古き良き時代の造作をとどめた映画館「道頓堀東映」があり、通りの場末感を決定的なものにしていた。00年代半ばまで、その東映劇場の東側壁面におそらく戦後の屋台由来であろう間口一間、奥行一間の狭小店舗が数軒貼りついて営業していた。

店の並びには名前もつけられ、「とんぼり小路」と店のテントに書かれていた。うどん、たこ焼き、和菓子屋などのほか靴磨きの店もあり、21世紀になっても戦後の闇市の匂いを強烈に発散する一角として、筆者のような関東からの客はそこに大阪の横丁酒場の歴史的佇まいを見たのである。

筆者は2000（平成12）年前後に取材で頻繁に大阪を訪れ、当時は金回りも良かっ

2000（平成12）年頃の「味園ビル」周辺の繁華街

たので夜には千日前の大型キャバレー「ユニバース」(味園《みその》ビル地下)で遊んだ。ホステスにアフターを断られるとひとり寂しく相合橋筋へ向かい、ここにあった「たつみ焼」なる店で串焼きを頬張《ほおば》った。朝まで営業するその店はほかと違って間口四間と広く、怪しい人相の男たちや仕事を終えたと思しき女性たちが吹き溜《だ》まり、酒をあおっては口喧嘩《くちげんか》していたのを思い出す。ユニバースといえば、そのエントランスの対面にあった五軒長屋も先日見たところ、そろそろ解体の雰囲気だった。同所もまた筆者には忘れ難い酒場だった。

「たつみ焼」では、03年頃から店主が「隣の東映からいろいろ言われて」と立ち退きを口にし始め、05年頃には移転・撤去になったのではないか。地権者であろう道頓堀東映も07年4月に閉館となり、その後、大阪の一等地にもかかわらず長く更地の状態が続いた。16年にようやく商業ビルが竣工、ドラッグストアや家電量販店、カラオケ店などが入るそのビルにはもはや昭和の面影はなく、かつてとんぼり小路が並んでいた東側の側面には、これまた21世紀的な商業形態、大量のカプセルトイの自販機が並んで若者たちを惹きつけている。相合橋筋は相変わらず薄暗いアーケードで存続し、大阪の場末の酒場の空気をまだ維持している。

閉店を告げる五軒長屋の飲食店舗

「とんぼり小路」の跡地に並ぶ
カプセルトイの自販機

「道頓堀東映」の跡地に建てられた
商業ビル

消えた横丁のアルバム

静岡・浜松の名物アーケード街だった「サッポロ街」の看板

難波新地

（大阪府大阪市中央区難波）

大阪・難波のランドマークであった新歌舞伎座が閉館したのは２００９（平成21）年。跡地には建物の外周にかつての意匠を残した高級ホテルが建てられた。その新歌舞伎座（現・ホテル）の裏側に場末を感じさせる酒場地帯がある。通称「難波新地」。一見の観光客はあまり寄りつきそうもない地味な一角には、知る人ぞ知る酒場があった。老女将が切り盛りしていたおでん屋「白蓮」は年季の入った木造3階建ての建物とともに長い間常連客に愛された酒場であったが、女将の逝去とともに閉店、現在（２０１９年）小さな看板と建物だけが残されている。

この老舗酒場からほど近い場所には難波新地の魔窟「南地《なんち》横丁《よこちょう》」が今も残る。ゲイバーのメッカとして知る人ぞ知る老朽アパートは、両側の店舗がすでに解体となり、縮みゆく酒場の中でひとり寂しそうに建っている。

角地の飲食店、バーなどもなくなっていた。空地がまとまれば雑居ビルが建つのだろうか。場末の酒場は現在進行形で少しずつ消えつつある。

看板が今も残る「白蓮」が入っていた建物

雑居ビルの中に設けられた「南地横丁」

白蓮
おでん
白鹿

夜ごと大勢の客で賑わっていた往時の「白蓮」

日本一横丁（大阪府大阪市中央区千日前）

千日前通の近鉄日本橋駅あたりを歩いていて出会った横丁跡の看板である。記録には2002（平成14）年とあるが、この時はすでに営業している店はなく、店舗の形跡もほとんどなくなっていた。なのでこの横丁ではまったく飲んでいない。ビルの裏側にそこそこのスペースが駐車場として活用されていたので、そこに6店舗ずつが向かい合って建っていたのではないかと想像する。日本橋の書き文字屋（看板等の書き文字をする業者がある）が書いたと思しき味のある店名が並ぶ。

00年代まで大阪の難波付近にはビルとビルの隙間に無理矢理はめ込んだような狭小飲食店が横丁的グループを作っているような集合体があちこちにあり、そこに入り込んで酒を飲むのが楽しかった。しかしそれらは10年頃を境にどこも消えていった。千鳥足で夜の盛り場を歩いていて、偶然見つけた横丁の店に入り楽しい時間を過ごして、翌日には場所がまったく分からないこともよくあった。大阪のそんなカオスが今は懐かしい「記憶」になりつつある。

日本一横丁
とき
南天
長兵衛
おてもやん
角よし
春日
豊美
じゅん
金瓢

丸川センター
（岐阜県岐阜市柳ケ瀬通）

美川憲一《みかわけんいち》の大ヒット曲『柳ヶ瀬ブルース』で知られる岐阜市最大の歓楽街・柳ケ瀬は各所に点々と酒場横丁が残る非常に昭和チックなエリアである。向かい合った2階建ての長屋の路面店の奥に、表通りからは見えないスナック、小料理屋が16軒も並んでいる。これだけの店があるとは、看板が教えてくれなければ分からない。

この「丸川センター」の最大の魅力は小路を架橋する夢のような五輪のネオン管である。闇の中に輝くネオンは酔眼朦朧《すいがんもうろう》にまさに天国の門のような印象すら受けたのだが、残念ながらこの素晴らしい柳ケ瀬の秘宝、丸川センターも、2016（平成28）年に訪れた時点で路面部分の主力店舗をのぞき、奥の飲食店はわずか1店舗しか営業していなかった。五輪ネオンはこのわずか1店舗のために怪しくまたたいていたのである。

営業していた店の印象からして、他の店舗もそれほど老朽が激しいわけでもないと思う。岐阜の若者になんとかこの至宝の横丁を再生させてほしいと切に願う。

センター
スナックフレンド
スナックささめ
吟味
ほなみ
いそ川
スナックフィラ
ふじ
かあちゃん
ポロラーメン
サッポロラーメン
お食事の店
喜久屋
スター

スナック
フィラ
割烹
いそ川
さざめ
はなみ
スナック
田舎っぺ

柳ケ瀬の一角にある「松竹小路」と「弥生小路」(左側)。同所にはこんな横丁が多数ある

弥生小路の建物側面。継ぎ足して増築した跡が見てとれる

中村遊廓

（愛知県名古屋市中村区）

ＪＲ名古屋駅、新幹線ホームに近い西口は駅前こそ商業ビルが並び賑わいがあるが、シャッター化の進む商店街「駅西銀座」は今なお「駅裏」の寂しさを感じさせる。その商店街を抜けたあたりにかつて女性街だった中村区日吉町、寿町、大門町、羽衣町、賑町《にぎわいちょう》、いわゆる「中村遊廓」の遺構がわずかに残っている。そして売防法が施行された後も昭和のある時期までそこが男性にとって歓楽街であったことを教える。

もちろん大時代な妓楼はないが、侘しい小箱のソープランドなどはぽつんとあり、その周囲にはスナック、居酒屋もある。男たちが放埒な遊びを終えたあとに1杯やったり、カウンターの女たちに卑猥《ひわい》な冗談を投げかけたスナック街。しかし2008（平成20）年のそこにはもう客を誘う灯は見えなかった。この長屋がいつ頃に廃業したのかも分からなかった。時代は移ろい、名古屋の男たちはみな東口の歓楽街、錦《にしき》、栄《さかえ》の紅い灯、青い灯に吸い込まれてゆく。遊廓跡の場末に残されたスナック横丁の跡地は今はどうなっているだろうか。

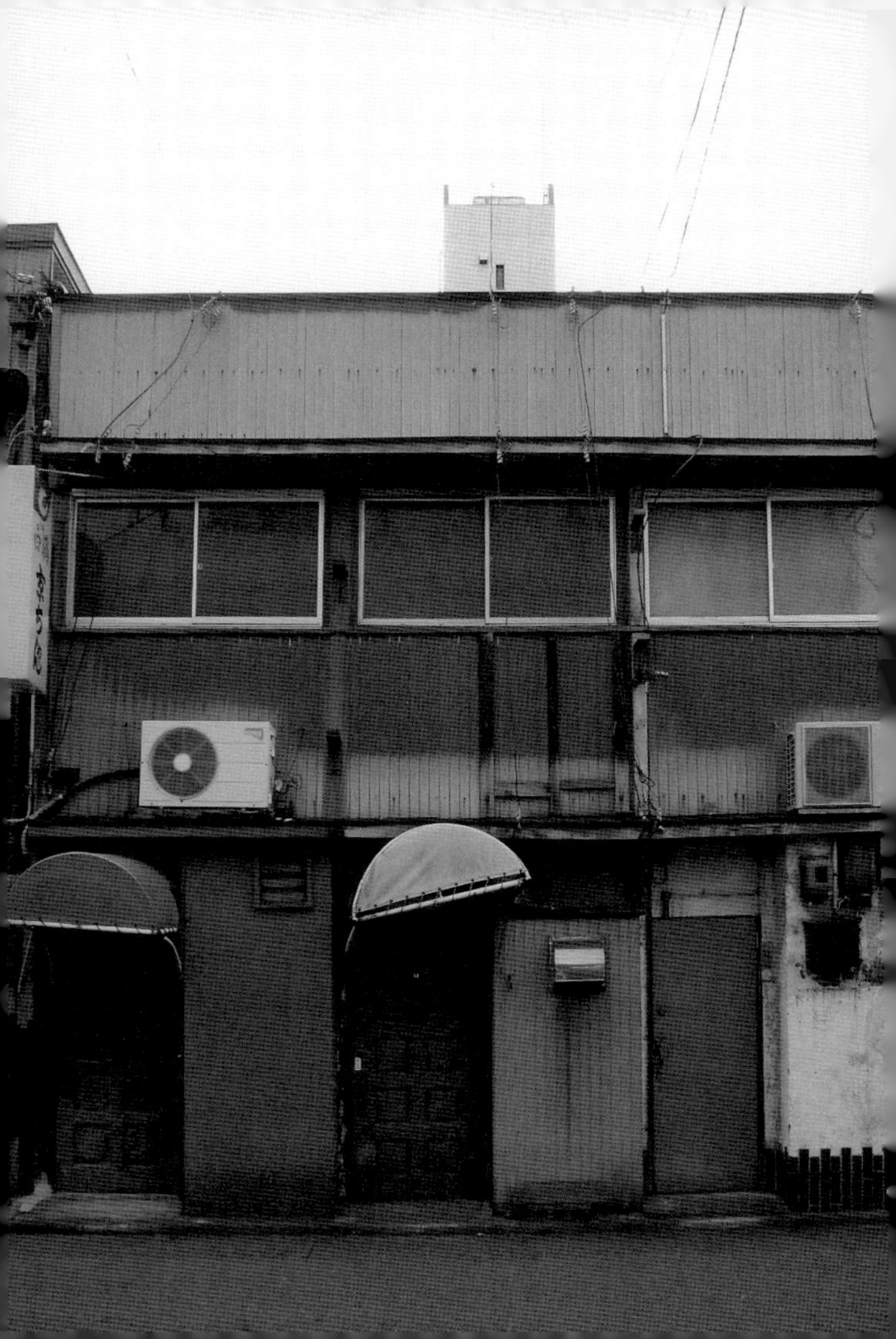

旧「稲本楼」の外観。デイサービスの施設として利用されていた

サッポロ街
（静岡県浜松市中区砂山町）

中部地方有数の工業地帯である静岡県浜松市。かつてJR浜松駅、遠州鉄道新浜松駅周辺の酒場は、メーカー社員、工場労働者の需要により潤ったが、モータリゼーション化の進行によって現在では鉄道駅周辺はドーナツ化で衰退、筆者が訪れた2011（平成23）年にもすでに芳しくない状況だった。主要繁華街であるJR駅北側、新浜松駅周辺でもその有様で、いわば「駅裏」側になるJR駅の南側はさらに厳しく同所のメイン商店街だった「砂山銀座」はシャッターを降ろした店が目立った。

その商店街の入口付近で、南北に延びる50メートルほどのアーケードに18軒のスナック、居酒屋、バーを集めたのが「サッポロ街」だった。1953（昭和28）年開業というから、おそらく駅前屋台の移転集約であろう。11年の段階ではそれほど廃業店舗は目立たなかったが、約5年の間に移転・廃業が進み、17年には入口が閉鎖された。営業中の当時、浜松取材に同行した雑誌スタッフと同横丁の店で酒とカラオケで楽しく飲んだ記憶が思い出される。楽しい時間をありがとう。

サッポロ街
憩いとやすらぎの
サッポロ街
安心して飲めるよ
ラーメン 餃子 ひとっちゃん
松風
味噌おでん たか子
スナック 宇宙
ニーナ
TAILAND
居酒屋 浮雲
スナックバー ニューアマゾン
サッポロビール K.K
スナックバー ニューアマゾン
庵
スナック 初
浮雲
ひとっちゃん
ニーナ
THAILAND
一品料理 福美
宇宙
一品料理 一晴
たか子
松風
らーめん

SNUCK
宇宙
Bar
rambling boy
LAKSI
THAILAND

一晴
鉄板焼の店
お好み焼
焼そば
松風
味噌おでん
御食事処

三和商店街（三重県四日市市本町）

三重県四日市市は２０１１（平成23）年に競輪で遊ぶために訪れた。現在、四日市市の繁華街は近鉄四日市駅側にあるが、筆者が同市を訪れた時は西へ１・４キロメートルほど離れたＪＲ関西本線四日市駅で下車、駅前の閑散に驚かされた。そして駅の北側にあって異様な姿を見せているのが「三和商店街」である。駅前の公設市場として始まっているが、戦後、駅前に闇市があったとされ、おそらくはその露店を収納したのではなかろうか。かつては雑貨屋、衣料店など小売店もあったといわれる。

映画館の表門を移築したとされる立派な入口を入ると内部は屋根の抜けたアーケードに2棟の長屋が対面。筆者が訪れた時には飲食店のみで、表通りに面した喫茶店のほかスナック、小料理屋が営業していた。その後数年間で店の廃業が相次ぎ、老朽化したまま放置された商店街は廃墟ファンに発見され多くの撮影者が訪れることになる。それでも稼働している店舗は残っていた。18年にようやく解体に目処《めど》がついたとネット情報を見たが、消える前にもう一度訪れてみたい場所である。

明るい商店街
MOGA
CAFE&BAR

清酒
居酒屋
つちうら
スナック
アマン
居酒屋
愛ちゃん
明美

黄桜
カラオケ居酒屋
ないす
Kizakura
よりみち
居酒屋
母ちゃん
居酒屋
つちうら
明美

片原町（香川県高松市片原町）

香川県高松市はフェリー乗り場のある高松築港から片原町、瓦町にかけて琴平電鉄線に並ぶように南北に「ライオン通り」「トキワ新町」「ぎおん通り」などが続き、縦長で広域の飲み屋街を形成している。最大の盛り場は瓦町駅の周辺だが、今ではやや寂しい感じの片原町駅前にもかつては赤ちょうちんの店が連なっていたという。木村《きむら》聡《さとし》の著作によれば片原町駅の西側には戦後「パラダイス通り」なる赤線地帯があったという。赤線廃止後の業態については、地元では客を2階に上げる店があったとか、すべて飲み屋に転業したとか噂は様々だった。筆者が高松を訪れた2016（平成28）年、何本か並ぶ片原町の横丁沿いには今も小料理屋の看板を掲げ、賑わった当時の面影を生々しく残していたが、夜になって歩いてみると灯のともる店は数軒しかなく、業態もごくふつうの小料理屋やスナックであった。周囲に建ったビルに囲まれ、傷みの激しい小料理屋の空き店舗が並ぶ光景は寒々しいものがあった。解体された店もあり、「消えゆく横丁」の進行形をリアルに見せつけられた。

白鹿
本陣
黒潮
春日
白鹿

順子の部屋
春日
本陣

旭通（熊本県熊本市中央区新市街）

「旭通《あさひどおり》」は２００５（平成17）年に熊本へ取材出張した折、帰京のために空港行リムジンバスに乗ろうと熊本交通センターに向かう途中でバッタリと出くわした横丁である。熊本市内の繁華街、新市街の中央を東西に貫く巨大アーケード街「サンロード新市街」と南北にはしる飲み屋街「銀杏通り」の交差点東北側にあり、筆者が発見した時点ですでに表通り沿いのラーメン屋（熊本ラーメンの名店「赤のれん」）やその対面にあるカメラ屋以外は営業していなかった。写真で確認するしかないが10店舗以上の飲食店が並んでいたと思われ、店内構造などにも興味津々なのであと少し早く来ていればと悔やんだ記憶がある。

今ではこの横丁の一帯は雑居ビルが林立しているが、写真を見ると当時、周囲にビルの影もなく、横丁に日光がきれいに差し込んでいる。おそらく05年以降にどんどんビルが建ったのだろう。熊本・新市街の原風景を感じさせる貴重な「消えた横丁」の写真といえそうだ。

旭通
管理者
都市計画株式会社
株式会社 旭通商店街
代表取締役
奥野正己
熊本ラーメン
赤のれん
imagica

和仁《わに》
おでん
手料理
和《わ》仁《に》

第三部

再生する横丁

若者たちで賑わう東京・吉祥寺の「ハーモニカ横丁」

ju-ga-tsu
小 鉄
月に吠える

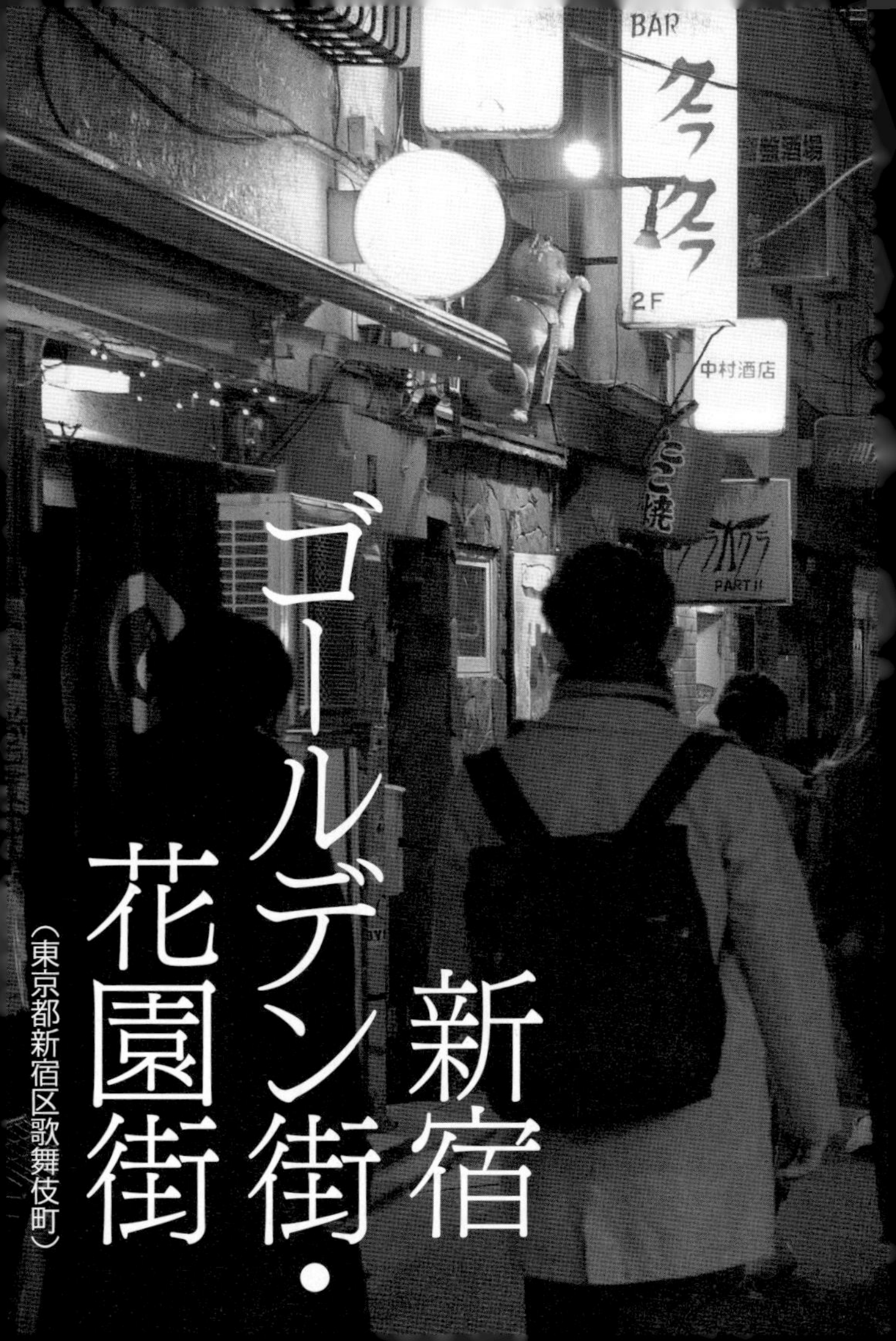

新宿ゴールデン街・花園街

（東京都新宿区歌舞伎町）

観光スポットと化した闇市由来の横丁

横丁というには面積が大きい印象かもしれないが、旧都電の車庫引込線や花園神社の裏道を縦道として6本の横道＝横丁に建物が背割りで並んでいるから（建物が背中合わせで密着している）、小林一郎の横丁理論（P105参照）に倣えば、「新宿ゴールデン街・花園街」は構造的に正統派の横丁とも考えられる。表通りから建物の裏側に入ってゆく面白さ、戦後闇市由来のバラック的な狭小店舗、ボヘミアン的な店主や客のコミュニティなど、観光都市の冒険的要素をたっぷり内包するこの酒場は、現在では外国人観光客に人気のスポットとなった。カメラやスマートフォンを片手に路地を回遊する人々を見ると、日本人よりも欧米人のほうが多いのではないかと思えるほどだ。

この外国人人気は必ずしも同横丁の店主たちが意図した結果ではなく、SNSによる情報収集が一般化した時代の中で自然発生したものである。新宿ゴールデン街・花園街は観光客たちがSNSの中から見つけ出したものなのだ。

花園三番街「地獄のデスマッチ」店内。外国人観光客によるSNSで大人気に

上下の写真は「新宿ゴールデン街」と並んで横丁観光の名所となった「思い出横丁」

よってこの外国人人気をありがたがっている店主ばかりではないが、一方にはこの数年間の間に経営方針を完全に外国人対応にシフトした店もあり、その活況が日本人が酒離れする時代に新宿ゴールデン街・花園街の存続を下支えしている。外国人観光客の大半からしてみれば横丁的酒場は日本観光における新たな発見であり、当地を発端として「横丁人気」はJR新宿駅西口の「思い出横丁」や渋谷の「のんべい横丁」などへも波及している。90年代以前のバブル期にはその立地の良さから地上げ屋の格好の標的となり、一時はかなり歯が抜けた家並を見せていた横丁は、今では空き物件が出るのを順番待ちしなければならないほどの人気エリアとなった。

ただし、こうした戦後由来の横丁の人気を地域や行政が手放しで歓迎しているわけでもない。老朽化した木造店舗の密集地帯は火災危険度や倒壊危険度が高いこと、地権が錯綜《さくそう》しているため政策による介入に常に困難が伴うことなどから、表には出さずとも行政はいつもこうした横丁の解体・再開発の機会をうかがっている。

これから新宿ゴールデン街・花園街が消えることがあるとすれば、まず第一の原因は大地震や台風・豪雨などによる天災被害だと思われる。これればかりは運命を天にまかせるしかない。

ハーモニカ横丁

（東京都武蔵野市吉祥寺本町）

たばこ
みんみん

斜陽の横丁を再生させたモデルケース

自然発生的に外国人たちによって観光地化された「新宿ゴールデン街・花園街」に対して、ＪＲ吉祥寺駅北口前の「ハーモニカ横丁」は人為的に、意図的にプロデュースされ酒場として再生を果した横丁といえる。ハーモニカ横丁は例によって戦前の建物疎開地跡にできた闇市を原型にし、戦後のマーケットのコマ割りを比較的そのまま残している。

吉祥寺駅北口の駅前通りから北側に入り込む細い5本の小路で構成され、東から「仲見世通り」「中央通り」「朝日通り」「のれん小路」「祥和会通り」と名づけられている。居酒屋「美舟」「ささの葉」、中華料理「珍来亭」などの老舗飲食店もあったが、80年代までは洋品店、食料品店、菓子店など日用品の小売店が多く営業する非常に昭和的な下駄《げた》履き商店街の雰囲気を残していた。しかし90年代以降、吉祥寺の街はＪＲ中央線沿線でもっともファッショナブルな街として人気となり高級化する。そのため

健康居酒屋

中央通り商店街
門 果

門 果

チクワ ソーセージ
久畜産

駅ビルをはじめPARCO、東急百貨店などの大型店舗、サンロードをはじめとするアーケード商店街の人気に圧迫され、ハーモニカ横丁の小売店は衰退していった。人気エリアの駅の真ん前という超一等地であり、更地化し大型ビルが建設されてもおかしくない地所ではあったが、横丁のままの形で残ったのは、各小路ごとに地権の契約方式が違っていたり、明確な賃貸契約書がみつからなかったりと、ビル用地としてまとめるのが難しかった経緯がある。だからといって時代遅れの小売店の景気が上向くわけでもなく、閉店した店が目立つ暗い小路だった。

　このハーモニカ横丁に1998（平成10）年、エキゾチックな内装デザインのフードバー「ハモニカキッチン」を開業し、若者受けする飲食店を次々とオープンさせたのが、当初はビデオ機器専門店を経営していた手塚一郎《てづかいちろう》であったという（桑原才介《くわばらさいすけ》『吉祥寺　横丁の逆襲』言視舎）。ビジュアル的に新しい横丁酒場の成功は同横丁テナント経営者の2代目、3代目を刺激し、00年代にかけてハーモニカ横丁は戦後のムードと現代アートが融合したような斬新な横丁として生まれ変わっていった。こうした試みはやがて新宿ゴールデン街や三軒茶屋の駅前三角地帯など闇市由来の酒場街の店舗デザインに影響を与え、東京のみならず全国的な横丁ブームに多大な貢献をしている。

静岡ゴールデン横丁

（静岡県静岡市葵区黒金町）

静岡ゴールデ
日本酒
やきとり
ビール
すっぽん
居酒屋
三代目魚実

静岡に誕生したニューウェーブ横丁

東京・渋谷区のJR恵比寿駅西口にある小規模な市場「山下マーケット」内に2008(平成20)年に開店した「恵比寿横丁」を皮切りに、JR有楽町駅―新橋駅間ガード下の「有楽町産直飲食街」や「新橋ガード下横丁」など、かつて闇市的な店が入居していた場所に居酒屋を新規開店・プロデュースした株式会社浜倉的商店製作所という会社がある。同社の特徴は店舗の意匠をレトロ風デザインで統一、店内を小型店の集合で構成することで新しい横丁型酒場〝ニューウェーブ横丁〟を感じさせた。

こうしたニューウェーブ横丁の動きは地方にも波及、静岡県沼津市に本社のある株式会社DBSがプロデュース・運営する「静岡ゴールデン横丁」が17年、JR静岡駅の西側ガード下にオープンした。

同横丁はそれまでJRの資材置き場などに使われていた東海道本線、新幹線のガード下に裏路地的通路とイベント用スペースを設け、ホルモン焼、串カツ、餃子、やき

串カツ
Coca-Cola
MALT'S

SUNTORY
The MALT'S
ザ・モルツ
100% BEER
オダ
21
CENTURY
Coca-Cola

くっちゃいな
手作り餃子の
ハシモト
MENU

静岡
メガビームハイ

とり、魚料理など7店舗で構成される。デザインテイストは〝浜倉的店舗〟に似ているが、コンセプトを「平成元年」として昭和イズムを残した90年代の感性、アジア的無国籍や映画『ブレードランナー』の世界観を盛り込んだイメージになっている。スペースの余裕を感じるのが地方都市ならではだ。

130ページにもあるように、静岡は本来的な酒場横丁が数多く現役営業している街であり、それらを懐かしむ必要はないが、こうした地方のニューウェーブ横丁の使命は、ひとつにはあまり酒を飲まなくなった若い世代の顧客の掘り起こし、ふたつめには本来の横丁が経営者の高齢化で店を早じまいする傾向がある中、深夜早朝まで営業し夜勤の飲食店従業員のニーズを引き受けることのように思える。

横丁的なレトロ趣味は00年代以降の首都圏に特徴的な傾向だ。いっぽう地方都市の新規開店飲食店は近年まで東京のバブル時代のような大型化と洗練を追求した印象があったが、少なくとも中部東海圏まで横丁的レトロ趣味が到来したのだ。

静岡市の「青葉おでん街」などにやってくる外国人観光客も、この静岡ゴールデン横丁を面白がって飲んでゆくという。地方からも日本の横丁の魅力が海外に発信されているようだ。

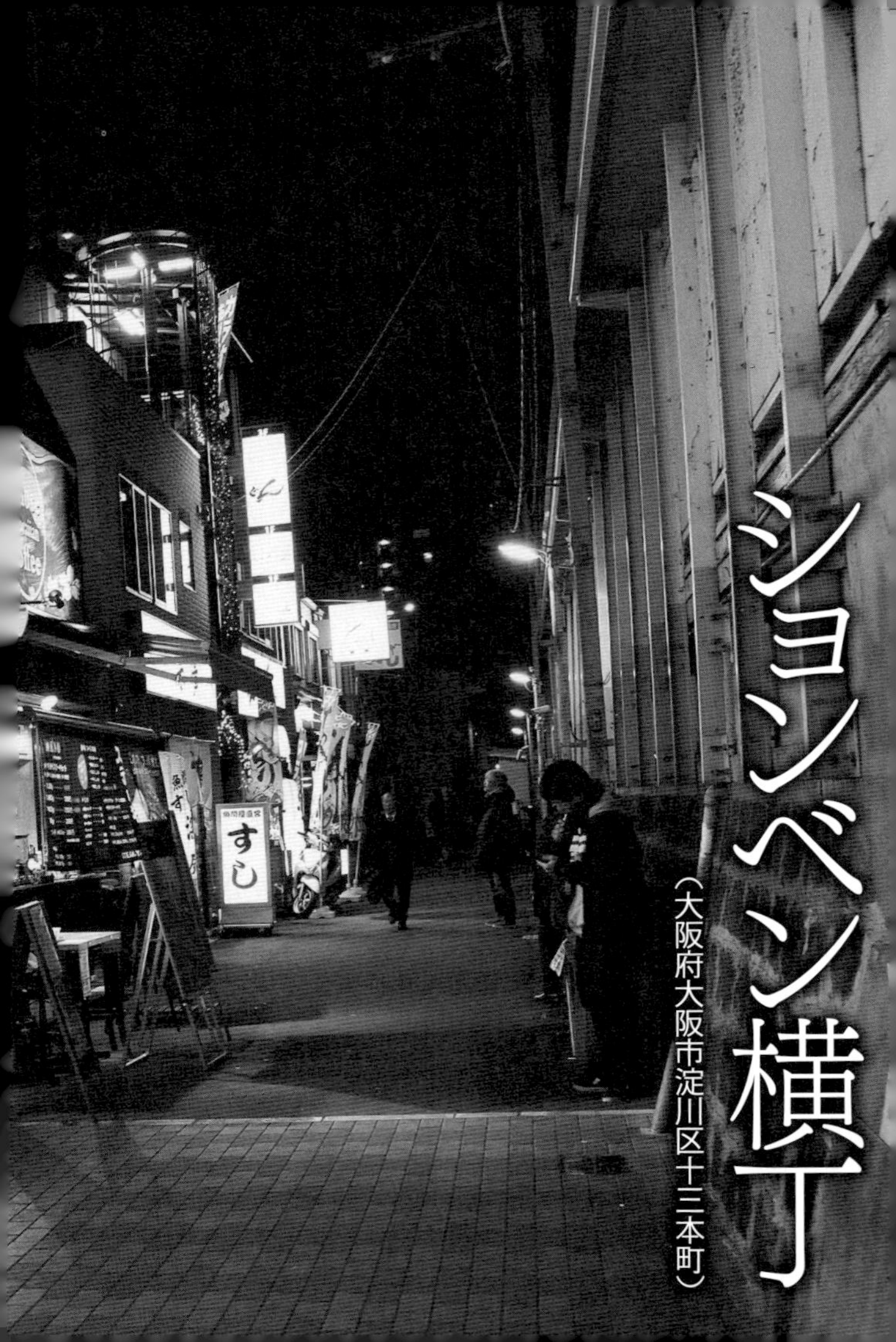

ションベン横丁

（大阪府大阪市淀川区十三本町）

火災前の活気を取り戻した現在の「ションベン横丁」

大火を乗り越え再建した線路脇の横丁

大阪出張の多かった時代、筆者は夕暮れ時に東京駅から新幹線に乗り、大阪に着くと新大阪駅近くのビジネスホテルに荷物を置いて、まずは十三《じゅうそう》に向かった。目的は阪急電鉄十三駅西改札の前にある「ションベン横丁」(「小便横丁」とも)に飲みに行くことで、大阪仕事の前夜祭として欠かせない儀式だった。線路と幹線道路・十三筋の間の南北に2本の路地がはしり、約50軒の店が並ぶ。線路脇という立地から察せられるとおり、戦中の建物疎開地跡に戦後、闇市が立った名残の横丁である。ションベン横丁という通称は東京・JR新宿駅西口の「思い出横丁」にも使われるが、大阪のこちらは公式にションベン横丁。新聞記事にもその名で掲載される。

多くは飲食店で大衆居酒屋や格安焼肉屋、ラーメン屋などのほかに00年代中頃にはカウンターに若い女性を立たせて対面式に酒を振る舞う「ガールズバー」のハシリの店も現われた。昭和時代の陋屋を無理やり現代的に改装、1杯千円の高い酒を飲ませ

大衆酒場
十三屋
キリンビール
十三屋
大衆酒場
十三屋
うどん

炭焼き酒場
MENU
Pasta
Pizza
Antipasto
Piccoli piatti
Dessert
Wine
17時～
どちらのメニューも
注文OK!!!
炭焼き酒場
りゅう
イタリアン
grilletto

上下の写真はションベン横丁に残る店舗跡の空地

る商売が成立したのは、プチバブル期の好況と東京からの出張族が多かったからだろう。大阪人の商魂を感じる業態だった。数度入ったことがあるが、筆者には「十三屋」「松の屋」「吾菜場」などの大衆酒場のほうが好みだった。

そのションベン横丁が大火に見舞われ、約40棟が焼失したのは2014（平成26）年3月。唖然《あぜん》とさせられ心臓が痛む出来事だった。

多くの闇市跡横丁がそうであるようにションベン横丁も存続が危惧されたが、店舗経営者などの尽力があり比較的早く横丁は再建へ向かった。安全が重視され、地権のほとんどが大阪市に帰属する駅前だけに、広場になってもおかしくない場所だった。しかし一部に私有地もあり、さらに借地権、営業権などの権利が複雑に錯綜していたほか、市民らの署名も集まって存続となった。数千万円に及ぶ瓦礫撤去費用も募金や協賛広告費などで集まったというから、愛されていた横丁だったことが分かる。ただし消失した店舗の建築費は店舗側が全額負担し、店主は借金を負って店を再建した。16年10月、2年半を経てションベン横丁は再開。当初は10店だけの営業だったが、近年ようやく新築店舗のほとんどが埋まり、かつての賑わいが戻った。それでも、今でも借地権者不明の空地が点々と残り、大火の痛々しさを酔客の心にとどめさせる。

STAND BAR
学割メニュー
中盛り＋チータン
500円
17:00〜19:00 平日のみ
好評につき
日本酒、焼酎
全品500円

夜明け市場

（福島県いわき市平字白銀町）

復興飲食店街が担う未来への希望

2011（平成23）年3月11日に起きた東日本大震災は平成の30年間の中でも、もっとも痛みの強い記憶のひとつとして我々の胸の中に焼きついている。破壊された被災地の人々の生活や文化はあまりに大きく、復興への長い道のりが今なお続いているが、町の再生の試みから生まれた希有《けう》な横丁文化もある。

JR常磐線いわき駅。「浜通り」といわれる福島県の湾岸エリア最大都市の中心にあるこの駅は、海岸からやや離れていたゆえ直接の津波被害は免れた。同駅は東北一帯でも飲食店の多いことで知られ、利用者が集まる盛り場は駅前南西部に集中。だが、かつてはその反対側にある駅前南東側にもスナック通りがあり賑わいを見せていた。

時代が昭和から平成に移る頃、男性客のニーズや酒場のトレンドが小箱のスナックから大箱のキャバクラに移るにしたがいスナック通りは衰退、駅前南東部はゴーストタウンのようになる。そうした寂れた横丁のひとつに「白銀小路《しろがねこうじ》」があった。

白銀小路
復興
飲食店街
夜明け市場

首都圏並にスナック、バーなどが並ぶいわき市内の歓楽街

白銀小路は震災前には営業している店はほとんどなく、人通りは皆無だった一角という。それを震災後、有志が企画を立ち上げ、閉店していた店を改装して新たな酒場横丁に再建しようと試みた。白銀小路の看板を残しながら「夜明け市場」と新たな横丁名をつけて看板を新設、入店する店を募った。

筆者がこの横丁を訪れたのは震災から1年目の12年だった。当時、横丁にはなお何軒かの空き店舗があり、活況とは必ずしもいいがたかった記憶があるが、それでも小路の上空に吊るされた提灯《ちょうちん》がまぶしく、オープンエアで営業する洋風居酒屋などもあり、プロデュースした人々や各店の経営者の熱意は伝わってきた。福島第一原発事故の対策拠点となったいわき市には全国各地から多くの人間が集まった。夜明け市場にはそうした人々に癒しを与え続けた。

1軒の日本料理店は津波により壊滅した観光海岸・久之浜《ひさのはま》で商売する有名店の店主が開いたものだった。原発事故の影響により地魚を取ることができないのが残念といいつつも、供される料理は絶品だった。これだけ美味《うま》い料理と酒があるならば、きっといつか町は復興する。そんな希望を感じさせる夜明け市場は、横丁が本来持っている役割や影響力を象徴的に示しているといえるだろう。

酒場のゆくえ――［三］

生まれかわる横丁

飲食店の出店が続く東京・北区の「十条銀座商店街」

横丁人気を支えるSNS

ここからは「横丁」の今後について考えてみたい。

まず前提とされるべきは、今の酒場横丁の人気はあくまでブームであることだ。

もともとこのブームは90年代初頭、バブルの余韻が残る中、金に糸目をつけないグルメブームの中で美酒佳肴《びしゅかこう》を求める嗜好《しこう》として始まった。高級ワインのブームの派生物として大吟醸・純米酒などの高級日本酒ブームが生まれ、老舗居酒屋、下町酒場がもてはやされるのが90年代後半。やがてブームの目線は店舗単体から横丁、小路、路地へ広がってゆき、00年代後半には「闇市」や「場末」のキーワードが加わる。そして10年代に入るとカメラ付携帯電話、スマートフォン、デジカメの普及とブログ、SNSの浸透があり、アップロードのための写真映えする風景として、横丁は観光的視線でもてはやされた。現在の横丁ブームがスマホとSNSを抜きにして語れないのは誰も異論がないだろう。こうして概観すると横丁人気はそれほど長い期間でもないし、普遍的な価値観でもない。そしてブームがなければ本書も成立していないし、筆者も本書を執筆する機会を与えられなかったろう。

それがブームであり一過性の現象である限り、人気はいつか消えていく。ブームが終ってしまえば現在の横丁酒場に残されるのは老朽化し不便なインフラと地震・台風・豪雨などの災害に弱い建築構造だけである。すでに書いたように地域や行政にとって横丁は必ずしも保存すべき価値を見いだせる建築物や商業形態ではなく、常にリノベーションの機会がうかがわれている。スマホを持った客が集まらなくなり観光的価値が失われて経済効果がないとなれば、いつか来るかもしれない大規模災害への対策として、地権者や店舗経営者の意向が解体・ビル建設に向かうスピードは足早だと思われる。

変わる横丁探訪の内実

また、災害による崩壊よりも深刻と思われるのは「酒離れ」だ。

現代の20代、30代は、中高年世代のように仕事でもプライベートでも何かにつけて飲酒する習慣がない。筆者の世代では、90年代までは仕事の打合わせも仕事のあとの懇親もおよそ酒場で行われ、翌朝の仕事にも多くの人間が二日酔いを抱えて現れたものだった。飲み屋でも酒やつまみの味や質にこだわることはなく、日常的親睦の触媒

新橋駅の高架下に作られた「新橋ガード下横丁」。戦後闇市酒場の意匠を現代風にアレンジした店舗も「昭和横丁ブーム」の一端を担っている

として空気のように酒があれば良かった。アルコールの摂取による業務の非効率を企業利益が上回っていた幸運な時代だったのである。

そうした文化風土は若者文化や労働環境の変化とともに全国的に失われた。それは我々の世代が送り出した文化や経済状況の必然的帰結でもあるから、若者たちの生活態度を批判する意図はまったくない。ただ、ならば横丁ブームを支える感覚とは何かということになる。

現在、人々が横丁で酒を飲む時の重要なテーマは観光やサブカルチャー的関心、研究的視線である。そしてある線から下の世代にとって酒は日常的に「飲む」ものではなくなり、海外旅行で現地料理を食べるような異邦探訪の副次的行為に近いのではないか。今や恥ずべき考えかもしれないが、筆者の世代はまず日常として「酒」ありきだった。若い世代は酒よりもまず「横丁」ありきのようだ。

ちなみに本書においても、また数年前に別の出版社から出した書籍の時も、版元の社員編集者と盃《さかずき》を交わしながら企画や構成を練るという作業はなかった。もちろん編集者がすべての担当書籍のテーマとなる現場を知る必要はないが、「酒場本」なのに酒場で飲みつつ内容を深めるような作業を、筆者はこの数年間出版社の取り持ちでは行っていない（作業を直接管理するフリー編集者は別）。ここにも「酒離れ」現象の一端が現れているように感じる。それでもこうして酒場の本の企画が通って出版されるのは「酒」と「酒場」に対する関心や認識の乖離《かいり》を象徴している。

また給与や報酬が上昇しない中で高額な酒税だけが維持され、アルコールを含有するだけで高額商品となっている点も「酒離れ」に拍車をかけている。個人的な見解だが、酒場で子育てをしている夫婦と出会う機会は非常に少ないように感じ、その理由に養育費、教育費が飲酒機会を圧迫していると考える。

酒が日常的に飲まれなくなれば、酒場が経営不振を余儀なくされるのは自明だ。この現象は天災のように予測不可能的に突然起きるのではなく、現実に慢性的な進行が続いているだけに、歴史的困難を乗り越えて脆弱《ぜいじゃく》な足場の上で経営している横丁の酒場にとってより深刻な問題といえる。これらの理由から、筆者は横丁の未来について悲観的にならざるを得ない。

横丁化する商店街

しかし現在も続く横丁ブームの余熱は、市街の新たな地点に「酒場横丁的」なものを作り始めている。ここからは横丁を離れた市街地の酒場の変化に目を向けたい。

市街において「横丁」に代わる酒場になり始めているのは、まず第一に旧来の街場の商店街だ。いわば「商店街の横丁化」である。

高度成長期に大いに繁栄した街場の商店街が経営不振と後継者難でシャッター通り化しているのは90年代以降の全国的傾向だ。

ところが一部地域では、閉店が目立った商店街が居酒屋や飲食店をテナントとして活性化した例がある。

1928（昭和3）年創業の老舗大衆居酒屋「斎藤酒場」

もっとも顕著なのは東京都北区のＪＲ赤羽駅や十条駅の周辺の商店街だ。赤羽駅では午前中から営業する酒場「まるます家」や立ち飲みの「いこい」が、十条駅では鄙びた造作と低価格が魅力の居酒屋「斎藤酒場」が人気の中核店としてあり、酒場観光にやってくる遠方からの客も多い。観光客が目的にする人気店は行列になることもしばしばあり、代わりの店を探す人々の受け皿として人気店の周囲に居酒屋が増えた。人気店を中心に酒場が増えると、その地域は「酒好きの天国」とクチコミが広がり、相乗効果でますます新規開店が増える。そうして商店街は「横丁化」する。これは２０１０（平成22）年以降に特徴的な傾向である。

平成以降の商店街の変化を追ってみると、90年代にはロードサイドの大型店に圧迫され、街場の商店街からまず家具店や電気屋など買回り品店舗が消えた。続いてホー

生鮮三品(魚・肉・青果)を扱う商店街から都内屈指の飲み屋街へと変わった「赤羽一番街商店街」

ムセンターや１００円ショップの増加で文具、雑貨、食器店が消え、ネット通販が定着した10年代には書店、衣料店も大幅に数を減らした。残るのは食料品店と飲食店だが、前述のような有名酒場がある街の商店街は気がつけば全体が飲み屋街に見えるほど酒場が増えている。典型的なケースが先の赤羽や十条であり、葛飾区の京成立石駅ももつ焼の「宇ち多」「江戸っ子」などが中核店となり、商店街に居酒屋が増える傾向に見える。

　商店街にできる新規酒場は造作が新しく、もとが一般商店だけにそれなりに広い面積がある。よって戦後闇市由来の狭小な横丁酒場と構造が違い、昭和的な雰囲気はあまり強くない。そのかわり現代的な飲食店経営のノウハウがあり従業員に若々しい活気が感じられる。また既存の地元居酒屋と競争しなければならないため価格も割安に抑えられ、酒好きにとって有り難いことこの上ない。問題は地元の人間が既存店で常連化しているために囲い込みが難しく、いっぽう一見《いちげん》の客、観光客はリピートが見込めないため新規店は経営の安定に時間がかかることだろう。さらに厨房機器やカウンターなどを新設する初期投資は経営に重くのしかかる。よって横丁酒場ブームがしぼんでゆけば、そこに便乗した商店街の酒場はたちまち苦境に陥る可能性が高い。

さらに活性化の最後の砦《とりで》だった居酒屋が去った商店街は本格的にシャッター通り化するとも考えられ、そこには経済力とストリート文化が衰退した日本の都市の裸の姿が残酷に現れるだろう。ならば地域や行政は酒場だけに頼らない、別の商店街文化の創造を今からでも真剣に考えなくてはならない。

「横」から「奥」へ

もうひとつの新たな酒場は「横」ではなく「奥」である。

「奥渋」のフラッグが並ぶ渋谷・神山通りの商店街

近年になり繁華街の中心部からやや離れた場所に集中する飲食店等がグループを作り「奥〇〇」と名乗ってキャンペーン活動を行うケースが目につく。はしりとなったのは渋谷区神山町、富ヶ谷の商店街が「奥渋谷（奥渋）」と名乗ってフラッグを掲げ、共同キャンペーンを行ってきた動きだ。渋谷区神山町は高級住宅街・松濤《しょうとう》に隣接し、80年代までは地元商店街である「神山商店会」が栄えた場所だ。しかし前述したように、この数十年で商店街は衰退。そうした場所に00年以降、個性的な飲食店が集まり、新しいイメージを喚起するネーミング「奥渋谷」をつけアピール、注目を集めたのだ。

奥池袋会発行の「奥池袋MAP」。飲み歩きイベントなども実施されている

これに続き、豊島区南池袋の明治通り西側の飲食店が中心になり「奥池袋（奥池）」を旗揚げしている。「奥池袋」エリアは南に高級住宅街の目白地区が、明治通り東側は雑司が谷・鬼子母神という下町があり、それらブランディングされたエリアからわずかにはずれたエアポケットであった。そこで若い店主たちが既存のブランドエリアと差別化をアピールし「奥池袋」を名乗ったようだ。

「奥渋谷」も「奥池袋」もバブル期以降商圏としてまったく評価されなかったエリアである。ゆえにテナント家賃も割安で、個性的な店舗をめざす経営者は開業しやすく、同じ意識を共有する店主がグループになりやすかった側面がある。そこからは、戦後駅前の露店撤去令によって場末に換地された業者が「新宿ゴールデン街」や池袋の

「人世横丁」、渋谷の「のんべい横丁」などのネーミング横丁を作った経緯と共通項を感じる。

ただし「奥○○」の場合は横丁、小路のような狭いエリアに密集する形態ではなく、広いエリアに店どうしがある程度距離をおいて分布、しかも昭和建築のレトロ感覚とはほぼ無縁だ。それでも「奥○○」には来訪者が繁華街から離れた未知のエリアに踏み込む冒険、発見感覚があり、横丁ブームのもっとも強力な対抗馬になる可能性を感じる。あちこちで飲んでいると渋谷、池袋以外にも「奥」ムーブメントに興味を示す地域が多く、若い世代が飲食店をオープンするのは「横」から「奥」へ移りつつある。

このように酒場は常に好立地を求めて遷移し続けるもので、「横丁」が消えたとしても酒を愛する人々の好奇心を潤す空間は必ず現れる。そしてそこには、戦後に作られた横丁文化の影響が必ずどこかに刻まれている。

筆者の考えでは、多くの横丁が今後十数年のスパンで消えていくのは避けられない。だからこそ消えた横丁の景色と経緯を記録する本書のような書籍が必要ではないかと思うのだ。本書に続く、そしてより詳細な横丁の記録が現れることを祈ってやまない。それはきっと、未来の酒場横丁の創造につながってゆく。

あとがき

著者の藤木氏と初めて飲み歩きの取材をしたのは、およそ20年前。当時は藤木氏の街を歩き探索するスピードに必死で食らいつき、2軒3軒と梯子酒、酔っ払いながら撮影をしていました。銀塩フィルムからデジタルに変わる時代でしたが、よくピントや露出が合っていたなと思います。雑誌の連載が終り、約10年ぶりの飲み歩き取材。実感したのは自分自身の「経年劣化」。肥満で腰痛、ひざ痛のため、歩くスピードは落ち、酒は弱くなり、脂っこい揚げ物で翌日は胃もたれする。情けない限りです。「経年劣化」とは人間に向けた言葉だったのか！

そんな変わり果てた自分自身と向き合いながらの取材は、再開発でまったく昔の面影をなくし、リニューアルした街の姿に驚きながらも、楽しい時間を過ごした店が消滅していた事を知るという喪失感を伴うものでした。一方、姿や場所を変えながらも進化し続ける店もあり安心したり。時代の変化に対応しつつ、しぶとく生き残っている様にホッとした気持ちと自分自身の劣化を抱えながら横丁を後にしました。

イシワタフミアキ

戦友イシワタ氏が経年劣化を嘆いているが、私自身も還暦を目前に日々の酒量がだいぶ減った。酔いどれる楽しさが減じ、翌日の体調不良だけが強くなった。出版不況でライターの実入りが芳しくない影響か、散財を後悔する夜も増えた。酒場で感じるネガティブな諸々はコラム「生まれかわる横丁」にまとめたが、私自身も実際、少しずつ酒から遠ざかりつつある。だから私の酒場探訪ルポは、書籍としては本書が最後になるかもしれない。

だが酒場の再生は庶民の希望の再生だ。高度成長期やバブル時代には、酒場があれだけ華やいだではないか。そのことを為政者もしっかり認識するべきだ。酒場がもっと楽しくなれば、私ももう一度、浴びるように飲んでみようと思うかもしれない。

私とイシワタ氏の酒場本の多くを手がけてくれた山崎三郎氏に、今回も多くの作業をお願いした。ほかにもご協力、ご尽力いただいたすべての人と共に、非礼ながらここで謝意を表します。ありがとうございました。

藤木ＴＤＣ

参考文献

小林一郎『横丁と路地を歩く』柏書房・2014年
木村聡『色街百景　定本・赤線跡を歩く』彩流社・2014年
三浦展『横丁の引力』イースト・プレス・2017年
桑原才介『吉祥寺　横丁の逆襲』言視舎・2011年
フリート横田『東京ヤミ市酒場　飲んで・歩いて・聴いてきた。』
京阪神エルマガジン社・2017年

本書は、文庫書き下ろし作品です。

ちくま文庫

消《き》えゆく横丁《よこちょう》
——平成《へいせい》酒場《さかば》始《し》末記《まつき》

二〇一九年五月十日　第一刷発行

著　者　藤木TDC（ふじき・てぃーでぃーしー）
　　　　イシワタフミアキ（いしわた・ふみあき）
編　者　山崎三郎（やまざき・さぶろう）
発行者　喜入冬子
発行所　株式会社　筑摩書房
　　　　東京都台東区蔵前二―五―三　〒一一一―八七五五
　　　　電話番号　〇三―五六八七―二六〇一（代表）
装幀者　安野光雅
印刷所　凸版印刷株式会社
製本所　凸版印刷株式会社

ISBN978-4-480-43597-2　C0195